Wittgenstein

维特根斯坦

〔美〕汉斯·斯鲁格◎著

张学广◎译

北京出版集团公司

北京出版社

著作权合同登记号：01-2014-4233

ⓒ Hans Sluga 2011

Chinese Simplified Translation Copyright@ Beijing
Publishing Group Co. , Ltd 2015

2015 中文版专有权属于北京出版集团公司，未经书
面许可，不得翻印或以任何形式和方法使用本书中的
任何内容和图片。

图书在版编目(CIP)数据

维特根斯坦／（美）斯鲁格著；张学广译. — 北京：
北京出版社，2015.1
　书名原文：Wittgenstein
　ISBN 978-7-200-11080-7

Ⅰ．①维… Ⅱ．①斯… ②张… Ⅲ．①维特根斯坦，
L.（1889~1951）—哲学思想—研究 Ⅳ．①B561.59

中国版本图书馆 CIP 数据核字(2014)第 296523 号

维特根斯坦
WEITEGENSITAN
〔美〕汉斯·斯鲁格　著
张学广　译
＊

北京出版集团公司
北京出版社　出版
（北京北三环中路6号）
邮政编码：100120
网　址：www.bph.com.cn
北京出版集团公司总发行
新华书店经销
大厂益利印刷有限公司印刷
＊

889 毫米×1194 毫米　32 开本　9 印张　155 千字
2015 年 1 月第 1 版　2015 年 1 月第 1 次印刷
ISBN 978-7-200-11080-7
定价：35.00 元
质量监督电话：010-58572393

中文版前言

　　有些文献需要反复阅读——路德维希·维特根斯坦的著作便是如此。每次重读，对每位新读者而言，每每于新环境阅读，这类文献都会打开新的视野。这些文献既有文学类，也有哲学类。儒家经典当属此类，莎士比亚和歌德的名作、柏拉图和黑格尔的著作亦属此类。维特根斯坦的《逻辑哲学论》和《哲学研究》也正是此类著作。

　　对维特根斯坦的最初读者——一如其导师贝特兰·罗素——来说，《逻辑哲学论》首先是论述形而上学，论述由简单对象和基本事实构成的世界结构的著作；维也纳学派的实证主义者接着将此书解读为提出一种严格科学的实证主义世界观。读者们后来在其中找到关于经验知识的超验条件的半康德式哲学。再往后，一些读者在《逻辑哲学论》中发现一种怀疑论观点，认为我们必须克服哲学，然后才能正确地看待世界。最后，一些当代读者认为该书受到叔本华、托尔斯泰和克尔凯郭尔的启发，承载着果断的道德形式。就《哲学研究》而言，《逻辑哲学论》和维特根斯坦的整个工作也可以看作是首先发展了一种语言哲学和意义理论——的确有两种意义理论。前一种意义理论聚焦于作为表征系统的语言观，后一种意义理论聚焦于作为交流和使用系统的语言。关切维特根斯坦有关数学基础评论的读者还强调其对语言和数学中规则和遵守规则的关注，而其他读者则觉得他首先是对心灵的本性、心灵和身体的关联以及内在状态和外在行为间的关系做出洞察。要是超出古典哲学问题的视线，还会有读者力图将维特根斯坦的文本看作是关于产生它们的那个历史文化环境的文献。他们将《逻辑哲学论》解读为十足现代主义的典型表达，把其严肃的极简主义和对纯粹的抽象形式的关注与现代主义建筑和艺术联系起来，他们将后来具有松散、开放结构的《哲学研究》解读为对前期思想的后现代主义批判。在更为特异的支脉中，维特根斯坦甚至被解读为对独特的人格、对竭力通达天才的人、对精神痛苦中的人类性灵的由衷表达。换句话说，解读维特根斯坦的方式可能不少于一打。

维特根斯坦著作的中国读者无疑会发现更为新颖独到的方面。经由贝特兰·罗素（1920—1921 年他曾造访中国）的媒介，维特根斯坦的《逻辑哲学论》很早就引起中国哲学家们的注意。1949 年前他们主要以罗素和维也纳学派的精神研究该著作，但这一时期除《逻辑哲学论》外，他们也同时注意到维特根斯坦的后期哲学著作。当然，对中国读者来说，眼下的研究仍自然而言地留有许多问题。中国读者也许想思考维特根斯坦的思想与中国传统学人的思想间的密切关系。儒家对礼的强调与维特根斯坦对社会实践的强调间难道没有相似性？维特根斯坦的《逻辑哲学论》的"神秘主义"与庄子的神秘主义间难道不会有契合之处？马克思有关人类思想之社会基础的观点与维特根斯坦有关语言之社会基础的观点不可以相互一致？当然这些比较本身很少出自哲学的旨趣，尽管若能对所比较的思想家或观点予以更多关注的话，这类比较确有价值。无论如何，对于中国哲学家如何更有效地检视维特根斯坦的著述，我还没有资格评点。

但是，对我们所有人来说都应关切的问题则是我们能怎样使用维特根斯坦的著作。我们必须提醒自己，追问这一问题真正说来就是以维特根斯坦的精神去思考。他的著述如今已成为各类编辑和学术解释的原始材料。我们全神贯注于筛选他生前和死后出版的各种文献、所形成的各种版本、它们的编年纪事。我们也关切解释他的语词和句子时所遇到的极复杂的问题。所有这些工作都可以理解，但是这不是或不尽然是真正以维特根斯坦的精神研究哲学。维特根斯坦本人并不关心哲学文本的注释，而关心的是竭力消除各种哲学混淆。他认为自己的工作具有诊断治疗的维度。我们应该问问，以这种方式推进工作对我们来说意味着什么。我们生活的哪些方面最需要进行哲学诊断？哪里进行诊断干预最为急切？维特根斯坦自己对这些问题有明确看法，但我们认为最急需诊断治疗的倒是维特根斯坦没有触及的问题。也许仍然需要关注形而上学学说和政治意识形态的欺骗力，但我们可能必须将自己的诊断注意力转向形而上学和意识形态混淆的新形式。一种治疗性的哲学化妨碍我们提出关于世界的积极论断？哲学化必不可免地是一项解构事业，像维特根斯坦所说的推倒纸房子？或者我们能否设想一种思想的治疗形式，它包含哲学的或半哲学的理论论断？

我在本书中竭力激活维特根斯坦的观点，以推进我们理解自己的社会政治现实这一事业。不可否认，维特根斯坦不是一位政治哲学家，但是我们当下社会现实的不确定性提出了如下问题：我们是否需要更多关注社会政治世界中正在发生的事情，维特根斯坦是否向我们提供理解这些事情的工具。通过关注我们社会政治生存的困境，通过提出维特根斯坦如何帮助我们摆脱这些困境的问题，我希望对他的著作获得不同于现有解读的新解读，希望表明他的思想对我们的生活依然至关重要。我的著作旨在将这些关切纳入对维特根斯坦思想进行宽广阐释的语境。读者也许想了解我在新近的著作《政治学与对公共善的搜寻》（剑桥大学出版社2014年版）中力图对这一思想所做的更为详细的贯彻。

汉斯·斯鲁格

2014年秋

前　言

vi　　　毫无疑问，路德维希·维特根斯坦是 20 世纪哲学的关键人物。就其提问的透彻性、重塑哲学景观的决定性，以及思考的深度和语言的力量而言，他堪与马丁·海德格尔媲美，后者恰好是他的同代人，并来自欧洲的相邻地区。为何 20 世纪的两位最为原创的哲学思想家出自关联的背景，只有当我们认识到所有伟大的哲学化都源于一种（社会、政治、文化的）危险环境时才能理解这一点。柏拉图和亚里士多德处于如此环境，笛卡尔和霍布斯处于如此环境，而我们这两位 20 世纪的思想家也处于如此环境。

　　维特根斯坦和海德格尔生活在尤为混乱的年代，当时欧洲在世界的主导地位于一系列痛苦的协约中行将终结；他们出生时欧洲的文化危机（现代性危机）正变得尖锐，而他们成长于尤其暴露这一瓦解的区域。然而，这些事态发展以某种不同的方式影响了两位哲学家。在前一本书中，我力图在其时代的历史政治环境中刻画海德格尔的哲学化。此处我力图参照政治现实来考察维特根斯坦的哲学思想。维特根斯坦的生活环境在这方面的确极为有趣。这位哲学家属于天才的成功家族，在后期帝国维也纳的奥地利-犹太文化中拥有中枢地位——这是最后繁荣和早期解体的时刻。许多奥地利文化精英（约翰内斯·勃拉姆斯、古斯塔夫·马勒、西格蒙德·弗洛伊德、古斯塔夫·克利姆特、阿道夫·鲁斯、卡尔·克劳斯）与维特根斯坦家族和维特根斯坦本人有来往。当他从事哲学后，维特根斯坦也结识了他那时代一些最富创造性的哲学思想家，比如哥特洛布·弗雷格、贝特兰·罗素、G. E. 摩尔、莫里茨·石里克和鲁道夫·卡尔纳普。在英国，他度过了成人生活的主要阶段，另外还与主要的知识分子如约翰·梅纳德·凯恩斯、利顿·斯特雷奇和阿兰·图灵相识。无论如何，这一群星璀璨的背景极大地缓释了维特根斯坦对他那黑暗时代的强烈预感，以及他对英国和美国文明的隔膜感。尽管他的工作容纳了得自这一文明的各种冲动，但他同时在思想中竭力克服这一文明。作为现代欧洲哲学文化遗产的继承人，他看到自己不过是孤单地站在十字路口的人。

　　我写本书的首要目的是向不熟悉或很少知道的读者澄清维特根斯坦的思想。我从述说维特根斯坦的生活开始，以便于阐明他的哲学工作缘起的历史的、政治的和个人的条件。紧接着几章竭力识别维特根斯坦著作中的一些主要概念和观点。鉴于这项工作涉及广泛，我不得不略去很多细节。我的阐述也将或多或少绕开专家们就维特根斯坦思想所探讨的内容。我将尽力主要以自己的话语陈述维特根斯坦的思想。有识之士很快便会看到，本书中我所选择的主题和强调的重点大多是我自己的。哲学文本毕竟像拼图图片，使维特根斯坦如此感兴趣，它们总可以以不止一种方式去拼接。我将在第八章指明，由于维特根斯坦及其同代人所经历的社会政治变革，而且鉴于我们的当下生活没有这么多戏剧性变化，所以我们最深刻和最紧迫的问题是必须关切我们人类的社会政治存在的条件和可能性。因此，我在例释维特根斯坦的思想概念时，尤其专注于询问它们与所由来的历史政治环境如何联结着，它们如何被用于理解这一环境。在最后一章，我力图通过询问如下问题总结这些思考成果，即维特根斯坦的思想如何帮助我们面对当代社会政治生存的特定问题。

维特根斯坦由于两本著作而众所周知。第一本是光彩夺目的早熟著作《逻辑哲学论》——还是一战士兵的他所完成的杰作。该书以简短编号的命题写成，从关于逻辑的专门讨论延伸到关于意义的反思，即使对哲学上训练有素的读者也构成挑战。著作完成之后，维特根斯坦放弃了对哲学的积极探索近乎十年。当他返回该主题时，便开始修改自己的前期假设，这一新工作最终凝结为他的《哲学研究》，1936—1947 年间写成，但直到维特根斯坦 1951 年去世后才出版。此后，其他大量著述也相继出版，比如 20 世纪 30 年代早期的《蓝皮书和褐皮书》，以及取自维特根斯坦生命最后几年而现在以《论确实性》为名出版的哲学笔记。其他著作包括从一战期间写成的哲学《笔记》，经由包括 30 年代以来材料的《哲学评论》《哲学语法》《关于数学基础的评论》《字条集》，到 40 年代以后关于心理学哲学的广泛著述。

如果没有这些著作，20 世纪的哲学发展肯定会是另一个样子。维特根斯坦首先影响了两代哲学家。在 20 年代，他对英国的贝特兰·罗素和 F. P. 拉姆塞这样的哲学家以及对维也纳学派的哲学家而言尤为重要，对后者来说《逻辑哲学论》成了逻辑实证主义的指南。从事这一传统的解释者仍然将维特根斯坦首先看作一名逻辑学家和关于语言的理论家，以及经由如此研究而系统消解哲学问题的人。第二次世界大战后，维特根斯坦和他的《哲学研究》启发了新一代英美哲学家，他们与第一批人的做法相反，拒绝大规模的、正式的理论化，竭力通过诉诸常识和日常语言而零碎地解决哲学问题。第三波思想家近来更多关注维特根斯坦思想中的怀疑取向。还有一部分人则首先尽力从有关人类心灵所涉及的问题中理解他。一些人走得如此远，以至于认为他首先是位伦理思想家。

由于他的所有这些影响，维特根斯坦仍在哲学中带来不安。他的思维方式和写作风格证明过于个人化而难以与哲学学术实践完全合拍。而且，维特根斯坦本人也不仅对自己的工作而且对哲学整体怀有特殊的矛盾情节。这一态度已显见于《逻辑哲学论》，它包含在如下话语中，即凡是理解他著作的人都会将其命题当作无意义的而搁置一边。这一不屑一顾的姿态也在维特根斯坦的后期著述中重复着，他宣布自己的目标是从哲学困惑中解放自己而不再去构造任何一种理论。

维特根斯坦的哲学著作一点也不易读，对它们的研究需要相当的耐心和坚韧。作者很少向他的读者让步。当他写下优美简洁的散文，只偶尔使用专业词汇时，他的思维路径往往难以追随。他很少向读者衔接以前，从不提供导引或总结。他的著述的典型特征是几乎处处缺少描述题目或章节标题。它们全由一系列编号的命题和段落组成，其中多种话题复杂交织着加以考察。但是，打算不负辛劳认真研究这些文本的人都会从中发现对现代哲学某些最急迫问题的深刻关注。世界及其结构，语言和意义，人类本身的特质，规则的功能，必然性的本性，数学的真理，世界观的多样性，伦理学的问题，生命的意义，便是他关切的许多问题的一部分。而且，维特根斯坦几乎以催眠的方式探讨这些论题，一再以新的词语搭配返回同一问题，这迫使读者日渐敏感于所讨论的问题的复杂性。

在讨论维特根斯坦的思想时，我经常引用他的话语。我这样做的首要目的是为我对他文本的特定解读提供支持证据。但是，我也希望让读者感受到维特根斯坦的声调和他的散文之美。尽管维特根斯坦的确在英国做了大量哲学工作，但他几乎总是用德语写作。实际上他的所有著作都是经过翻译后出版的。尽管这些翻译大多都算确当，但我发觉很多地方以自己的方式加以修正甚或加以替代倒更合适。

ix

本书的写作中，我得到其他多人的帮助。需要特别感谢拉伯特·里德（Rupert Read）、大卫·斯特恩（David Stern）、安德鲁·诺里斯（Andrew Norris）和迈克尔·黑迈尔斯（Michael Hymers），他们阅读了大部分甚至全部手稿，所提建议对完成我的工作也相当有帮助。我还要感谢2010年春季我在香港中文大学开办的维特根斯坦研讨班的参加者。

缩　写

X　三个频繁引证的维特根斯坦文本：

TLP　《逻辑哲学论》，C. K. 奥格登译（伦敦：劳特利奇出版社，1922 年）；《逻辑哲学论》，D. F. 皮尔斯和 B. F. 麦克奎尼斯译（伦敦：劳特利奇出版社，1961 年）。引文依著作的命题编号，除非另有说明。

BB　《蓝皮书与褐皮书》（纽约：哈珀·柯林斯出版社，1960 年）

PI　《哲学研究》，G. E. M. 安斯康姆译（牛津：布莱克威尔出版社，1958 年）。引文依著作的段落编号，除非另有说明。

引证的维特根斯坦的其他著作：

CV　《文化与价值》，G. H. 冯·赖特、彼得·温奇译（牛津：布莱克威尔出版社，1980 年）

GT　《1914—1916 年私人日记》，W. 鲍曼编（维也纳：图里亚和康德出版社，1991 年）

LC　《关于美学、心理学和宗教信仰的讲演和谈话》，瑟里

尔·巴雷特编（伯克利：加利福尼亚大学出版社，1972 年）

LE   "关于伦理学的讲演"，载詹姆斯·克兰格和阿尔弗雷德·诺德曼编《哲学时刻》（印第安纳波利斯：哈克特出版社，1993 年）

NB   《1914—1916 年笔记》，G. H. 冯·赖特和 G. E. M. 安斯康姆编，G. E. M. 安斯康姆译，第二版（芝加哥：芝加哥大学出版社，1979 年）

OC   《论确实性》，G. E. M. 安斯康姆和 G. H. 冯·赖特编，戴尼斯·保罗和 G. E. M. 安斯康姆译（牛津：布莱克威尔出版社，1969 年）。引文依段落编号。

PR   《哲学评论》，雷蒙德·哈格里夫斯和罗格·怀特译（芝加哥：芝加哥大学出版社，1975 年）

RC   《关于颜色的评论》，G. E. M. 安斯康姆编，琳达·麦卡利斯特和玛格丽特·谢特勒译（伯克利：加利福尼亚大学出版社，1978 年）。引文依段落编号。 xi

RF   "关于弗雷泽《金枝》的评论"，载詹姆斯·克兰格和阿尔弗雷德·诺德曼编《哲学时刻》（印第安纳波利斯：哈克特出版社，1993 年）

RFM   《关于数学基础的评论》，G. E. M. 安斯康姆译，修订版（麻省剑桥：麻省理工学院出版社，1983 年）

Z   《字条集》，G. E. M. 安斯康姆和 G. H. 冯·赖特编，G. E. M. 安斯康姆译（伯克利：加利福尼亚大学出版社，1967 年）。引文依段落编号。

目　录

1 第一章 身处时境的思想家

> 我的哲学化的思想运动，应该在我的心灵史，在我的
> 道德概念，以及在对我的处境的理解中加以辨识。
>
> ——维特根斯坦《思想变迁》

从前某个时刻，一位剑桥朋友带我去安葬路德维希·维特根斯坦的位于圣吉尔斯的古老墓地。该地荒芜着，除了无人看管的草丛中的一些鸟雀。稍事搜寻后，我们在草丛中找到了坟墓。地上的一块条石记载着维特根斯坦的名字和生卒年代（1889—1951）——没写别的。条石上落满了近旁一棵树的叶子。地上凌乱地摆放着鲜花、两个硬币，奇怪的是还有个铅笔头。这一切强烈地冲击着我。我所知的维特根斯坦的生活和思想的全部复杂性，已在这里折叠为透彻的简单性。

现在有什么必要在剑桥墓地打扰这位曾寻求隐世的哲学家呢？毕竟，他"情愿默默无闻地活着，打消让他成为

名人或公众人物的任何想法"①，所以，如果我们关切的真
是想用他的思想来解决我们的急迫问题，那么我为何抓住
他的生活不放呢？的确，他本人及其生活环境引起了传记
作者、文化史学家和文献作者的好奇心。但是，为了理解
他的思想，我们必须知道他和他的生活的哪些方面？每一
思想固然是某个人的思想，但每一话语也游离它的作者，
可能拥有作者从未赋予的用法和意义。一篇书面文本尤其
可以有游离作者的丰腴生命，将它与作者绑得太紧也许会
压制其活力和重要性。当我们力图阐释维特根斯坦的著述
时，一些传记事实倒证明仍然有用。

一个身处十字路口的人

2

关于维特根斯坦，或许需要知道的最重要事情是，他
生活于一系列十字路口——实质上既有个人的也有文化历
史的。他的著作对我们至关重要的首先正是这点，因为他
的十字路口很大程度上也是我们的。

这些十字路口之一便是世俗文化和宗教文化的十字路
口。19 世纪中期的某个时间，维特根斯坦家族脱离了犹太

---

① 诺曼·马尔科姆：《回忆路德维希·维特根斯坦》（伦敦：牛津大学出
版社 1958 年版），第 59 页。有点矛盾的是，马尔科姆的《回忆》倒更多地将
维特根斯坦带出了默默无闻。

教而皈依基督教。① 他的曾祖父迈出了第一步，将家族名称
由发犹太语音的"Mayer"改为德语（和贵族的）"维特根
斯坦"。他的祖父将家族从萨克森州迁至维也纳，变成了新
教徒和牵强的反犹分子。路德维希反过来受洗为天主教徒，
但差不多在世俗家庭中长大。第一次世界大战期间，他经
由托尔斯泰的帮助，受到并非教条式基督教的点化，从那
时起这一眼界塑造了他的伦理思维直到生命的终点。他后
来对朋友德鲁瑞说，"我不是一名宗教徒，但我情不自禁从
宗教观点看待每个问题"②。这一观点大多立足于基督教尤
其天主教传统。他还由此对德鲁瑞说，"天主教的象征意义
美妙得难以言表"。但他接着说，特别是"将其转变为哲学
体系的任何做法都是一种冒犯"③。相比而言，他带着深深
的矛盾看待自己的犹太背景。在 1930 年的日记中他写道，
"犹太教最成问题［hochproblematisch］"④，"即便最伟大的

---

① 维特根斯坦的家族背景描述于布莱恩·麦克奎尼斯的《维特根斯坦生
平》第一卷《年轻的路德维希，1889—1921 年》（伯克利：加利福尼亚大学出
版社 1988 年版）。目前有一大堆传记作品，最详尽的传记是瑞·蒙克的可读性
很高的《路德维希·维特根斯坦：天才的职责》（纽约：自由出版社 1990 年
版）。

② 德鲁瑞：《与维特根斯坦谈话的某些笔记》，见鲁斯·里斯编：《路德
维希·维特根斯坦：个人回忆录》（罗曼和利特菲尔德出版社 1981 年版，第
94 页）。

③ 同上书，第 117 页。

④ 路德维希·维特根斯坦的《思想变迁，私人日记 1930—1932 年/
1936—1937 年》，伊尔莎·索玛维拉编（因斯布鲁克：海门出版社 1997 年
版），第一部分，第 68 页。

犹太思想家也不过有些天赋而已"①。当他 1949 年对朋友说
"我的思想百分之百为希伯来的"② 时，他无论如何意指，
与"古希腊"观点相比，包括基督教在内的希伯来传统认
为，善恶最终是不能和解的。如果我们硬要归类的话，我
们肯定必须将维特根斯坦称为基督教传统的宗教思想家。
但是，这样刻画并不易与他的实际哲学工作内容契合，这
里宗教问题从未达到直接明晰。因而，维特根斯坦思想的
这一方面为大多数解释者所忽视便是可以理解的。当然，
我们不能怀疑维特根斯坦在极为严肃地思考伦理学和宗教
问题，而这一态度便表现为对现代世俗文化的极度怀疑。
尽管这也许没有影响维特根斯坦关于语言或心灵的特定观
点，但它肯定影响他的工作对政治思维的意蕴。

　　对维特根斯坦来说，第二个十字路口连接着第一个，
是科技和哲学的十字路口。他的父亲卡尔·维特根斯坦使
自己成为奥地利钢铁工业的富豪，希望自己的儿子职业上
步他的后尘。最小的路德维希曾表现出对技术的偏好，便
被送往位于林茨的技术高中。完成高中教育后，维特根斯
坦便进入柏林工业大学，后又到曼彻斯特大学学习工程专　3
业。但在曼彻斯特，他对数学基础异乎寻常地着了迷，这
致使他 1911 年（正是他父亲弥留之际）转向哲学。鉴于维

---

① 维特根斯坦：《文化与价值》，第 18 页。
② 同上书，第 175 页。

特根斯坦很早就浸染于世纪末的维也纳文化,[1] 这一转向也并不奇怪。我们听说他实际上很早就阅读了阿瑟·叔本华,后者在 19 世纪末的维也纳受到广泛追捧。叔本华的思想痕迹确实始终能在维特根斯坦的哲学工作中找到。而且他的最早著述还显示出对下列人士的熟悉:物理学家鲁道夫·波尔兹曼,科学哲学家恩斯特·马赫,他的学生、语言哲学家弗里茨·毛特纳,性学哲学家奥托·魏宁格,文化批评家和讽刺作家卡尔·克劳斯,现代主义建筑师阿道夫·鲁斯。

罗伯特·穆齐尔和赫尔曼·布洛赫——维特根斯坦的两个同代人,具有类似的视界和经历——在其著述中将维也纳刻画为浸淫于叔本华悲观主义的世界,惊人地结合着对旧世界的深深眷恋和对现代新世界的好奇感。[2] 同样的二元性也显现于维特根斯坦的著作,以"维也纳方式"进行思考的关于语言、数学和心灵的研究同关于生命阴郁的观点结合起来。他对世俗文化及对科技文明前景的怀疑,最终导致他对我们今天所处时代的毁灭性评价。1936 年,他对朋友德鲁瑞这样总结他的——我们的——处境,"黑暗时

---

① 对这一环境的最好刻画可见于卡尔·E. 肖斯科的《世纪末的维也纳:政治和文化》(纽约:阿尔弗雷德·A. 克瑙珀夫出版社 1980 年版)。阿兰·詹尼克和斯蒂芬·图尔明的受到广泛阅读的书《维特根斯坦的维也纳》(纽约:西蒙和舒斯特出版社 1973 年版),不太可靠,在分析上相对浅显。

② 这方面特别有趣的是穆齐尔的《没有特质的人》,索菲·威尔肯斯译(纽约:阿尔弗雷德·A. 克瑙珀夫出版社 1994 年版),以及布洛赫的《霍夫曼斯塔尔及其时光》(慕尼黑:皮珀尔出版社 1964 年版)。

代正再次降临"①。

从维也纳到剑桥

然而，仅根据维也纳背景思考维特根斯坦还是不够的。他在 20 世纪的上半期与英国和剑桥紧密地联结着，所以我们这里谈谈维特根斯坦生命中的另一个十字路口。

当他还是曼彻斯特工程专业的学生时，维特根斯坦便被罗素 1903 年的《数学的原则》所吸引，这是一本竭力从放大的逻辑中演绎出整个数学体系的著作。维特根斯坦发觉自己被罗素所阐述的德国数学家、逻辑学家和哲学家哥特洛布·弗雷格的后亚里士多德逻辑深深吸引。在这一力量的驱使下，他决定拜访身在耶拿的弗雷格，后者劝他返回剑桥向罗素请教。②

罗素当时正处于其哲学生涯的巅峰期，刚刚在《数学原理》（与 A. N. 怀特海合作完成）中完成了对逻辑的里程碑式根治，正热衷于新的事业——要用自己的逻辑去处理形而上学和认识论的某些根本问题。在剑桥安顿下来后，维特根斯坦很快变成罗素完成这一事业的学生、合作人和批

---

① 德鲁瑞：《与维特根斯坦谈话的某些笔记》，见鲁斯·里斯编：《路德维希·维特根斯坦：个人回忆录》（罗曼和利特菲尔德出版社 1981 年版，第 152 页）。

② 罗纳德·W. 克拉克在《贝特兰·罗素的生活》（纽约：阿尔弗雷德·A. 克瑙珀夫出版社 1976 年版）的第 7 章和第 8 章生动地描述了他们的相遇。

4 评者。正如罗素向他的情人所写的，"维特根斯坦已成为我生命中的伟大事件……他是人们希望看到的那种年轻人"[①]。罗素对维特根斯坦的《逻辑哲学论》的影响也是明显的，其作者曾对"弗雷格的伟大工作和……我的朋友贝特兰·罗素先生的著述"（TLP，第3页）表达敬意。但是，即使在他与罗素相遇好几年后才完成的这部著作中，维特根斯坦也已远离了他的导师的思想。后半生中他对罗素的仰慕更是趋冷，他有点仇视地称罗素的思想为"极为浅显和琐屑"（Z，456）。罗素则反过来深信，后期维特根斯坦已经放弃了哲学中的严肃思维。[②]

我们在反省中看到，现在以"分析哲学"作为我们所知的哲学运动本身开始于弗雷格、罗素和年轻的维特根斯坦之间的互动。他们在建立新逻辑以解决（或消解）重要哲学问题的事业中联合起来，每人都对所涉及的这场哲学运动贡献了一套独特的看法。弗雷格将关于不同种类真理的本质上康德式的假设和人类知识的基础组织引向分析性争论；罗素增强了对实在的性质和结构的本体论关切；维特根斯坦最终贡献了关于科学和哲学的实证主义概念，与语言的紧密关联，对理论构造的警惕，以及简单直接地形

[①] 引自蒙克：《路德维希·维特根斯坦：天才的职责》，第41页。
[②] 贝特兰·罗素：《我的哲学的发展》（伦敦：阿兰和尤文出版社1959年版），第216—217页。

成这一混合物的渴望——所有这些观念都得自他的维也纳
背景。"分析哲学"因而由不同观念混杂而成，这些观念来
自欧洲传统中的各种线索。

然而，从历史上看，分析传统的兴起首先标志着文化
主导从包括德国在内的欧洲大陆哲学向英美思想的转移。
"大陆"哲学和"分析"哲学间的公认区分便反映了一种动
荡，其中英美文明变得日渐强大。但是，这一区分并没有
它经常看上去的那样尖锐。维特根斯坦在其生活和工作中
一再地搭建桥梁，正是在这一意义上我们可以称他为处于
十字路口的人。

《逻辑哲学论》的双面

1911—1914 年维特根斯坦与罗素的合作是亲密的、充
满风暴的，成绩也是极为丰厚的。但是，第一次世界大战
不可预期地结束了这一阶段，因为维特根斯坦作为外敌现
在被迫返回奥地利。他觉得自己有义务当一名士兵，但他
同时决定继续从事哲学工作。因此在他登记入伍两天后便
开始记哲学日记，并贯穿于战争始终。日记以焦虑的问题
开始，"我现在还能工作吗"（GT，第 13 页）①，事实证明

————————

① 将维特根斯坦的《私人日记》和他的《1914—1916 年笔记》合起来
读很有好处。

即使在最令人恐惧的条件下他仍坚持工作。例如，1914 年 12月他记道："四处响起加农炮的巨响——炮火、大火，等等。"简洁地补充道："工作很多，成效显著。"（GT，第 48—49页）

很自然，日记从他与罗素结束讨论的地方开始。但是，随着战争进入胶着状态，便出现远离这一琐碎事务的新论题。战争的第一阶段萦绕在维特根斯坦心中的还是对逻辑的关切，而 1916 年 6 月我们发现他突然写道："关于上帝和生命的目的，我知道什么呢？"（NB，第 72 页）此后不久说，"自我、自我是相当神秘的东西"（NB，第 80 页）。由于深受战争创伤的影响，他对战争的结局日渐悲观。维特根斯坦现在转向伦理学和美学问题，转向善心和恶意的区分、幸福的本性、自杀问题和罪恶。这一时期他对朋友保罗·英格尔曼写道："我跟战友的关系发生了奇怪的变化。当我初遇他们时还对着的东西现在全错了，而我完全绝望了。"①

维特根斯坦从战时笔记精炼出来的著作就是著名的《逻辑哲学论》，反映了他从起初对逻辑的反思到后来对伦理和神秘之物的沉思这整个过程。在很大程度上可以解读为调和罗素的形而上学原子主义和弗雷格的认识论、先验论的尝试。著作出版后，罗素便径直称赞它为逻辑理论的

———————

① 保罗·英格尔曼：《自路德维希·维特根斯坦的信件》（牛津：布莱克威尔出版社 1967 年版），第 25 页。

重要贡献。① 但是，该书同样深含道德和形而上学思考——罗素在很大程度上忽视了这点，导致维特根斯坦的激愤。他在给从前这位导师的信中气愤地说："我现在担心你并没有真正搞懂我的主要意图……主要之点是关于可在命题中——通过语言——说的东西（同样可以说，可被思考的东西）和不可在命题中说而只能显现［gezeigt］的东西的理论；我相信，这是哲学的根本问题。"② 在同一封信中，维特根斯坦抱怨，弗雷格也未能理解他的著作。他悲哀地承认："要让单个灵魂不被误解，还真很难。"

《逻辑哲学论》的确是一部高深莫测的著作。该书具有极为严谨的风格，由借自《数学原理》的精致编号系统构成，力图表明传统哲学立足于对"我们语言的逻辑"的极端误解。著作的大部分涉及阐述维特根斯坦关于语言和世界的逻辑结构的思想，该书的这些部分显然受到传统分析哲学家的更多注视。但是，对维特根斯坦本人来说，该书的根本在关于语言界限的结论部分，它只在著作的最后几页才触及。在此他认为，所有不是关于对象的各级图像或者这些图像的逻辑复合的句子，严格说来是没有意义的。

---

① 甚至一些新近的解释者也未进一步限定地将该著作刻画为"一部哲学逻辑的著作"。见 H. O. 穆恩思：《维特根斯坦的〈逻辑哲学论〉导论》（芝加哥：芝加哥大学出版社 1981 年版），第 1 页。

② 路德维希·维特根斯坦著，G. H. 冯·赖特编：《致罗素、凯恩斯和摩尔的信》（纽约伊萨卡：康奈尔大学出版社 1974 年版），第 71 页。

6　　其中包括所有关于伦理学和美学的命题，所有处理生命意
　　义的命题，所有关于逻辑的命题，当然包括所有哲学问题，
　　最后还有《逻辑哲学论》的所有命题。尽管这些句子严格
　　说来没有意义，维特根斯坦还是力图表明，它们强烈旨在
　　说出某种重要的东西。但是，它们力图用语词表达的东西确
　　实只能显示出来。这一断言导致某些混淆。他指的是否是
　　存在着违背语言表达的真理？或者这些句子只是字面上没
　　有意义？维特根斯坦总结说，无论如何，任何理解《逻辑
　　哲学论》的人最后不得不抛弃这些命题，他一旦爬上梯子
　　就不得不扔掉梯子。达到这一状态的人便不再受诱惑要说
　　哲学性的东西。他会正确地看待世界，因而认识到唯一严格
　　有意义的命题是自然科学的命题。当然，自然科学从不触及
　　人类生命中真正重要的东西——伦理的和神秘的东西。但是，
　　对于这些东西只能保持沉默，因为正如《逻辑哲学论》最后
　　一个命题所宣布的："凡是不可说的东西，必须对之沉默。"

　　　　这些哲学观点最终在维特根斯坦与朋友保罗·英格尔
　　曼于20世纪20年代末在维也纳建筑一座房子时得到最惊人
　　的表达。① 英格尔曼曾师从阿道夫·鲁斯，第一次世界大战
　　期间与维特根斯坦相逢，此后承担了维特根斯坦家族的多
　　项建筑工程。于是，当路德维希的大姐玛格丽特决定在维

────────────

① 保罗·威依得菲尔德：《路德维希·维特根斯坦，建筑师》（麻省剑
桥：麻省理工学院出版社1994年版）。

也纳修建新的府邸时，便同意由英格尔曼来承建。当时正
短暂休闲的维特根斯坦很快投入建筑工程，在修建中他所
付出的劳动与英格尔曼一样多。由于受鲁斯精神的影响，
房子省去所有的装饰和以往建筑风格的所有残留物。相反，
审美价值正体现于纯粹的建筑形式。在追求这一理想时，
维特根斯坦致力最小细节的设计：天花板的精确高度，金
属玻璃门，展示内部机制的玻璃围封电梯，门把手，地板
下散热系统的通风口，散热器，甚至这些散热器的垫脚。
由于相当简约（天花板少有灯泡，相反使用的是传统的吊
灯），该房子无疑是文化现代主义的样本。① 但是，它也是
《逻辑哲学论》观念的直接表达。路德维希的一个姐姐贴切
地称它为"变成房子的逻辑，而不是人的居留地"。

返回维也纳

鉴于《逻辑哲学论》的结论，在维特根斯坦看来，显
然他不应再继续哲学学术生涯。从意大利战俘营获释后，
他曾一度考虑加入修道院，但很快他觉得缺乏必要的信仰。
最后，他选择成为一名小学教师，并于 1920 年开始在下奥

7

---

① 彼得·加里森曾在文章《建筑/包豪斯：逻辑实证主义和建筑现代主义》中探讨了维特根斯坦和维也纳学派哲学观念的影响与包豪斯的典型概念，载于《批评探索》，16（1990），第 709—752 页。

地利的山区教小学。①

　　维特根斯坦作为小学教师的6年经历证明并不总是快乐的。焦虑的心态、智力的需求、焦躁不安使他难以成为农村儿童的理想教员。不过，这一经历却证明是他后来学术生涯中哲学洞察的根本来源。《逻辑哲学论》将语言完全看作表达的媒介，看作形成科学理论的手段，看作根据纯逻辑术语加以分析的东西，而后期维特根斯坦却首先感兴趣的是日常生活的非形式语言，它们的多样交流功能难以根据严格的逻辑规则加以阐释。《逻辑哲学论》曾将语言当作固定的既有结构，而后期维特根斯坦却将它看作动态的多元化系统，尤其关注语言在其中被学习的各种方式，以及语言习得只是其中一个部分的完整教化过程。

　　视角的这一转换最终将维特根斯坦带回弗里茨·毛特纳的工作，从《逻辑哲学论》开始他就知道后者的《语言批判的贡献》。当时他与罗素一起反对毛特纳的反形式主义和怀疑论观点。但是，后期维特根斯坦同意毛特纳的立场，即语言不能基于逻辑演算的模式加以理解；相反，它必须看作用于满足人类行为多样性的工具。他还同情毛特纳对科学理论化的戒备、对经验心理学的怀疑态度、对人类自我的反笛卡尔主义观点，也许最重要的是根深蒂固的

────────────

　　① 维特根斯坦的这段生活对他后来哲学化的重要性还没有得到足够探讨。一个重要开端是考拉德·维谢的《小学教师路德维希·维特根斯坦》（法兰克福：索尔卡姆普出版社1985年版）。

怀疑论。① 在进行教师职业训练时，维特根斯坦还读过教育心理学家卡尔·比勒的著作。尽管后来他将比勒当作庸医摒弃了，但他很可能受到后者的警示而去关注格式塔心理学问题，成为维特根斯坦后期著作一再浮现的论题。我们还知道，维特根斯坦这些年不断沉迷于奥托·魏宁格的《性别与性格》。但是，我们还不清楚，他从魏宁格那种超验哲学与性别理论的、反女性主义的和自我分裂的反犹太思想混合物中吸取了什么东西。维特根斯坦后来对其朋友德鲁瑞说，魏宁格是"杰出的天才"，后者在任何其他人关注之前认识到弗洛伊德思想的重要性。② 当他的姐姐玛格丽特决定接受精神分析时，弗洛伊德本人也成了维特根斯坦感兴趣的主题。尽管他对弗洛伊德的主张仍保持怀疑，但他还是受到分析实践的相当影响，后来将自己的工作实质上看作一种治疗。有段时间他甚至将自己称为"弗洛伊德的弟子"和"追随者"（LC，第41页）。

1918 年奥斯瓦尔德·斯宾格勒的《西方的没落》便是维特根斯坦这段时间阅读的著作（很可能出于他姐姐玛格丽特的建议）。这本精彩、思辨和气人的著作并不只想分析　8

---

① 有关毛特纳对维特根斯坦的重要性的讨论见汉斯·斯鲁格：《维特根斯坦与皮浪主义》，见《皮浪怀疑论》，瓦尔特·斯诺特-阿姆斯特朗编（牛津：牛津大学出版社 2004 年版）。

② 德鲁瑞：《与维特根斯坦谈话的某些笔记》，见鲁斯·里斯编：《路德维希·维特根斯坦：个人回忆录》（罗曼和利特菲尔德出版社 1981 年版，第 106 页）。

刚结束的大战的军事、经济和政治灾难——如其标题所示，而是旨在列出"世界史的形态学框架"，如其副标题所说。该书问道：是否有历史过程的系统结构？是否有历史的逻辑？我们可以详述各种文化的结构吗？与线性累积的历史观相反，斯宾格勒认为，个别文化基于特定的统一观念而相互区别。这些观念刻画某一文化中流行的每样东西，从音乐、宗教实践到科学和数学。而且，不同的文化形式不可通约，一种文化无法根据另一种文化去理解。我们可以抓住一种文化的统一观念，不是通过对它加以理论化，而只能通过努力达到明晰，达到对它的清楚展示。斯宾格勒力图通过这些词汇解释欧洲文化的目前状态。在他看来，带有统一观念的每种文化都拥有其自身的生命，它从简单的开始，经过一定的成熟年代，到达斯宾格勒称为"文明"的终极阶段。用斯宾格勒的话说："每一文化都有自身的文明……文明是一种文化不可避免的宿命。"① 而且他确信，西方文化现在已进入这一终极阶段。

这些读物在哲学事业上能孕育出的成果，正是维特根斯坦在 20 世纪三四十年代所从事的工作。它们尤其促使他克服自己以往的、狭隘的逻辑定向的语言和意义概念。以前他曾认为心理学浪费时间，而后期著作则广泛致力心理

---

① 奥斯瓦尔德·斯宾格勒著，C. F. 阿特肯森译：《西方的没落》（纽约，1926 年版），第 31 页。

学哲学问题。以前他曾根据单一的、统一的逻辑结构思考世界，而现在他反思世界向我们展示的各种方式，让我们形成不同的而且的确不可通约的世界观。首先，这些读物将他引向自己作为哲学家的新概念。

维也纳学派

当维特根斯坦忙于自己姐姐的房子时，一群哲学家和科学家已频繁地会集于维也纳大学，在制定一种新的"科学世界观"。他们最终称自己为"维也纳学派"，在其发表于1929年的宣言中，他们将弗雷格、罗素和维特根斯坦看作他们运动的先驱。当学派的成员发觉《逻辑哲学论》的作者正好住在维也纳时，他们自然邀请他参加他们的聚会。但是，维特根斯坦谢绝加入他们，反而只同意约见他们中的两三个代表，讨论《逻辑哲学论》的问题。

他后来淡化与维也纳学派接触的重要性，但这一接触 9 对他来说至少有三个重要后果。第一，将它吸引到哲学中来并发展了《逻辑哲学论》。当他还没有准备放弃该著作表达的观点时，与莫里茨·石里克、弗里德里希·魏斯曼和（有时）鲁道夫·卡尔纳普的讨论让他注意到其中的模糊和缺陷。这一觉知最终将维特根斯坦拉回到对哲学的积极参与，适当时刻便走向对《逻辑哲学论》系统的全面颠覆和一套全新哲学系统的展现。第二，维特根斯坦与维也纳学派的接触对他的第二个影响是发现了暴露于哲学的自然主义和经验主义的观点，这促使他离开作为《逻辑哲学论》典型特征的纯粹形式逻辑。魏斯曼保存的他们的谈话记录显示，维特根斯坦可能确实已创立了该学派的关键教条之一：一个句子的意义由证实它的方法来确定这一原则。但是，后来他将这一原则转变为更全面的说法：一个句子的意义便是它的用法。第三，维特根斯坦与维也纳学派的接触之所以重要是因为它重新点燃了他对数学哲学的兴趣，后者在《逻辑哲学论》中处于从属地位。1928 年后期，学派的某些成员带他参加了荷兰数学家 L. E. J. 布劳威尔的讲演，根据各种资料显示，报告对他有所触动。① 在该讲演中，布劳威尔为构造主义数学概念提出了方案。没有理由认为，维特根斯坦曾认可布劳威尔的"新直觉主义"，因为他不像布劳威尔，从未拒绝数学中排中律的使用。但明显的是，布劳威尔必定在他身上引发了变化——可能因为布劳威尔攻击了形式主义以及关于逻辑和语言可靠性的假设，因为他认为数学是人类的一种构造。布劳威尔诉诸叔本华哲学也可能引起维特根斯坦的纠结。不管怎样，布劳威尔的报告有助于维特根斯坦决定返回哲学，还可能重新燃起了他对数学哲学的兴趣，因为此后的 10～15 年时间维特根

---

① L. E. J. 布劳威尔：《数学、科学与语言》，载于《数学月刊》，36 (1929)，第 153—164 页。

斯坦一直广泛致力这一主题。

返回剑桥

　　同时，维特根斯坦的剑桥旧识也一直努力让他返回英国。在约翰·梅纳德·凯恩斯的帮助下，他们最终提供一项补助金使他返回成为可能。当维特根斯坦 1929 年返回时，他带着明确的目标要轻松地解决《逻辑哲学论》中他认为自己现在已发现的问题。但是，事情最终与他预期的并不相同。当他开始重新思考《逻辑哲学论》的某些假设，他发现自己不得不拆除越来越多的结构。仅仅几个月时间，《逻辑哲学论》完整精致的大厦便坍塌了。这一事实证明原有结构被放弃并打开了新观念的闸门。维特根斯坦的一生中没有哪个时期这么容易产生新观念，没有哪个时期这么多地放弃。这一时期他最具决定性的步骤是放弃如下信念，即有意义的句子必须有一精确的（尽管隐藏的）逻辑结构，以及一个相伴的信念，即这一结构对应于所描述事实的逻辑结构。他现在认定，这些假设基于他曾加以攻击的完全莫须有的那种形而上学。凡是他之前曾认为可以将形而上学立足于逻辑的地方，他现在都确信形而上学只能使哲学家陷入暗无天日的境地。

　　在剑桥，维特根斯坦发觉自己突然间重返学术圈。因《逻辑哲学论》而获得迟来的博士学位后，现在他可以获得

10

正当的教席。当 G. E. 摩尔在 1930—1933 年间聆听维特根斯坦的讲座时，令他印象深刻的是，"他对自己所说的一切都十分确信……［而且］在听者中所引起的兴奋相当有趣"①。他的课程吸引了一小组经常听讲的天才学生，其中包括诺曼·马尔科姆、鲁斯·里斯、伊丽莎白·安斯康姆，以及数学家阿兰·图灵和乔治·克雷塞尔。他们的讲座笔记和后来的回忆录对维特根斯坦这一阶段的生活和工作给予了生动的描述。② 20 世纪 40 年代与维特根斯坦有过接触的 O. K. 布斯玛后来写道：

> 维特根斯坦是就我所知最接近先知的人。他像一座塔那样高高耸立，不可逾越。他用自己的脚站立。他不惧怕任何人……但其他人都惧怕他……他们惧怕他的评判。所以我惧怕维特根斯坦，感到对他有责任……他的话我视若珍宝……他具有如此锐利的眼光、如此辨析良莠的洞察力，在他的凝视和质疑下工作是件恐怖的事情。③

① G. E. 摩尔：《维特根斯坦 1930—1933 年讲演》，载《哲学时刻，1912—1951》，詹姆斯·克兰格和阿尔弗雷德·诺德曼编（印第安纳波利斯：哈克特出版社 1993 年版），第 50—51 页。
② 维特根斯坦：《1930—1932 年剑桥讲演集》，戴斯蒙德·李编（芝加哥：芝加哥大学出版社 1980 年版）；《1932—1935 年剑桥讲演集》，爱丽丝·安姆布鲁斯编（芝加哥：芝加哥大学出版社 1979 年版）；考拉·戴蒙德编《关于数学基础的讲座》（纽约伊萨卡：康奈尔大学出版社 1976 年版）。
③ O. K. 布斯玛：《维特根斯坦：1949—1951 年对话》（印第安纳波利斯：哈克特出版社 1986 年版），第 xv—xvi 页。

要理解《逻辑哲学论》之后维特根斯坦的思路，最重要的便是 1933—1935 年间他对学生听写的两个文本。它们分别被称为《蓝皮书》和《褐皮书》。这两本著作所描述的大量思想，预示着维特根斯坦后来最知名也最完整的著作，即 1936—1947 年间完成的《哲学研究》。毫无疑问，它们在很多方面展示了维特根斯坦哲学发展的不同阶段。因为研究维特根斯坦的学者日渐意识到这一点，所以现在将维特根斯坦的哲学思考普遍区分为三个阶段：

《逻辑哲学论》的早期维特根斯坦（大约 1914—1930 年）；　　　　　　　　　　　　　　　　　　　　11

中期维特根斯坦（1930—1936 年）；

后期维特根斯坦（1936—1951 年）。

然而，这种划分有些随意，并未反映维特根斯坦思想的连续性以及总的动态特征。人们同样可以设想只有一个维特根斯坦，或者将他的思想分为更多阶段。例如，也可以合理地认为，《逻辑哲学论》的观点不同于维特根斯坦更早而与罗素重叠时期的探索。反过来，所谓中期也可以划分为两个不同的阶段：《逻辑哲学论》系统的解体和各种新思想的临时探索阶段（1930—1933）及《蓝皮书》和《褐皮书》阶段（1933—1935）。人们还可以设想，1948 年后的维特根斯坦著作开启了超越《哲学研究》思想的重要新方向。可见，兴趣点不同，我们甚至可以谈论他工作的六个阶段。另外，我们也许想强调维特根斯坦思想的动态流动特征，像他的朋友魏斯曼 1934 年所写的那样："他的奇妙之处在于，看待事情总是像第一次看到的那样……他总是遵循一瞬间的灵感，而摧毁以前所草拟的东西。"①

风景速写

当魏斯曼写下这些话时，维特根斯坦的思想并不总是那样流动着。到 1936 年，由《逻辑哲学论》的离析所引起的骚动渐趋平静，维特根斯坦的思想已归入更稳定的渠道。但是，其间已发生许多变化。以前他力图借助弗雷格和罗素发明的（和他自己修改的）逻辑解决哲学问题，而现在他开始通过查看日常语言的运用来确定哲学问题。以这种方式，他不经意地形成了一股新的哲学化风格，成为 20 世纪 50 年代在英语世界尤其在牛津繁荣的"日常语言哲学"的创始人。到 1936 年，维特根斯坦也形成了新的写作方式。《逻辑哲学论》中各种命题严格符号化的方式荡然无存。现在他反而以一系列组织松散的、连续编号的评论构成自己的文本。这些评论筛选自笔记，他在笔记中以始终更新变异的形式精心阐发自己的思想。不同于《逻辑哲学论》的

---

① 引自《维特根斯坦与维也纳学派》，弗里德里希·魏斯曼记录，布瑞恩·麦克奎尼斯编，尤茨姆·舒尔特译（牛津：布莱克威尔出版社 1979 年版），第 26 页。

教条主义，他追寻更具有反思性的写作形式，力图恰当地
处理他现在在哲学中看到的复杂性。早期作品中他用于一
劳永逸地解决这些问题的过早自信已不复存在。《逻辑哲学
论》赞赏简短而无可置疑的断言艺术，后期著作则充满疑
问、感叹、建议、观察、说明性故事和想象性比喻。最引
人注目的是，维特根斯坦现在以对话语调写作，在与想象
的对话者的语言交流中发展自己的思想。《逻辑哲学论》的
线性展示让位于"漫长而错综的旅行"途中所作的"风景
速写"（PI，第 v 页）。他在《哲学研究》的前言中指出，
这些速写迫使他"穿行在一片广阔的思想领地之上，在各
个方向上纵横交错地穿行……从不同的方向重新论及同样
的要点，或几乎同样的要点，画出新的图画"（同上）。

这一新的研究方法下的主要成果是《哲学研究》，维特
根斯坦 1936—1947 年为此持续用力。这段时间，维特根斯
坦使用各种不同概念抒发这项工作的性质和内容。著作的
最早部分由 188 节构成。它们包含对新语言观的阐述，对
《逻辑哲学论》的批评，他如何看待哲学的陈述，以及对规
则和遵守规则的讨论。在某些地方，他本想对真理概念和
数学中的证明进行反思，但后来替换为对意识、心灵及情
感和思维概念等有关思想的反思。《哲学研究》第二部分展
示了 1945 年后所增加的材料。尽管维特根斯坦觉得几乎准
备好要出版这些材料，但在他的手上从未最后定稿，所以
该著作直到他去世后才出版。

最后岁月

第二次世界大战爆发后，维特根斯坦再次感到要尽些义务。他现在年老而无法从军，但他志愿做医院的搬运工，后来做了医疗实验室的技术助理。这次中断实际上意味着他学术生涯的结束，他不再感到那么自在。1947年，他在剑桥开了最后的讲座，然后从教授席位上退休。

最后岁月不只是一段巩固期。知觉和知识现在变成了他感兴趣的新课题。在《哲学研究》中，他不断注意到语言必须习得这一事实。他说过，这一习得根本上说是教诲和训练的过程。学习一门语言时，儿童接受了一种新的生活形式。在思考的最后阶段，维特根斯坦用生活形式概念去识别自然和文化条件下的整个复杂性，它们使语言——而且实际上是对世界的任何理解——成为可能。在1949—1951年所写的笔记中（现在以《论确实性》为题出版）他坚持认为，某些特定信念必须一直看作一个信念系统的一部分，它们合起来构成一种世界观。一种信念的所有确信和失效都内在于这一系统。与倡导淡漠的相对主义相去甚远，他13 的观点更准确地说是一种自然主义，它认定生活形式、世界观和语言游戏最终都受世界本性的制约。这个世界告诉我们，某些游戏不能玩。

维特根斯坦最后岁月的笔记生动地展示了他持续的哲

学创造性，它们也说明贯穿他全部思维变化中的根本哲学旨趣的连续性。它们再次展示了他如何对任何哲学理论化表示怀疑，他如何将自己的工作理解为颠覆这种理论化所需要的一种尝试。事实上，《论确实性》所思考的正是针对哲学怀疑论和对怀疑论的哲学拒斥。针对哲学怀疑论，维特根斯坦坚持认为有真知识。但是，这种知识总是分散的，也并不必然可靠；它由我们所听所读的东西、由训练给我们的东西及我们自己贡献给这一继承的东西构成。我们总的来说没有理由拒绝所继承的这块知识；我们并不一般地怀疑它，实际上我们从未处于怀疑一切的地位。但是，我们对自己确信的真理所具有的确实性只是我们无法怀疑一切的一种功能。维特根斯坦指出，我们认为我们的某些信念确认这一事实，只表明这些信念在我们的语言游戏中起着不可替代的规范作用，它们是我们语言游戏的思想在其中流动的河床。但是，这并不意味着它们表达了绝对的哲学真理。所有的哲学争论必须走向终结，但这一终结并非自明的真理，而宁可说是我们自然人类实践的确实性。

被疏远的思想家

维特根斯坦的思想从始至终充满着对待哲学的矛盾的甚至悖论的态度。因为，他一方面具有对哲学的深刻怀疑——从而具有对传统哲学的苛责严斥——但他的这一态度又调和着对哲学问题深度的真诚赞赏。例如，在《逻辑哲学论》中，他认定全部哲学都充满了根本混淆，而"哲学著作中所发现的大部分命题和问题不是虚假的，而是无意义的"（TLP，3.324 和 4.003）。但是，这一批评最终被他对这些混淆和错误中所包含的真理的赞赏所更改。他后来说道，"某种意义上说，一个人不能对哲学错误过于在意，它们包含如此多的真理"（Z，460）。其结果是，他不仅批评传统哲学，而且批评在他看来不能赏识哲学问题深度的人。这一双重信念导致对待哲学特殊的矛盾态度——这一矛盾态度也许能在下列陈述中得到最好表达："哲学有
14　如此复杂的结构，这到底怎么回事？如果它是最终事物，它确实必须彻底简单，独立于你所能经历的所有经验——哲学解开我们思维的纽结；因而它的结果必须简单，但是哲学化必定与它所解开的纽结一样复杂。"（Z，452）

　　尽管维特根斯坦指责传统哲学，但他这样做总是出于哲学理由。无论如何，他确信可以从传统哲学事业中拯救某些重要的东西。在《蓝皮书》中，他依旧将自己的工作称为一种继承，"所继承的主题之一便是通常所谓的哲学"。（BB，第 28 页）如此刻画表明传统哲学现在死了，但也同时表明它还留下了需要处理的遗产，进而指明，哲学遗产有许多继承者，而维特根斯坦的工作应该被看作其中之一（但只是之一）。

维特根斯坦对待哲学的机警态度也许提醒我们有关叔本华对"大学哲学"的著名斥责。在叔本华看来，真正的哲学正在于最终超越所有形而上学的理论化，其真正终点深植于神秘的屈服和沉默。在传统哲学中，维特根斯坦所拒斥的首先便是其理论构造冲动，后者潜藏于所有伟大的哲学系统之中。在对哲学学说的批评中，他写道："我们的考察是从哪里获得重要性的？因为它似乎只是在摧毁所有有趣的东西，即所有伟大而重要的东西（就像摧毁了所有建筑，只留下一堆瓦砾）。"对于这一挑战，他回答道："我们摧毁的只是搭建在语言地基上的纸房子，从而让语言的地基干净敞亮。"（PI，第 118 页）作为对构造伟大理论系统的传统哲学目的的替代，他提出批判性探究的哲学理念。在《逻辑哲学论》中，他就坚持认为"哲学不是一种学说，而是一种行动"（TLP，4.112）。《哲学研究》中对此评论道："说我们的考察不可能是科学考察，这是对的……我们不可提出任何一种理论。"（PI，109）

维特根斯坦确信，哲学中的理论构造冲动深植于我们的文明。1930 年，他写道："我们的文明由'进步'一词来刻画……很显然它在筑造。它忙于筑造日益复杂的结构，即使清晰也只是这一目的的手段，而不是目的本身。相反，在我看来，清晰性、明晰性本身便是有价值的。"（CV，第 7 页）他坚持认为，与此相反，欧洲和美国文明大潮的精神对他来说是"不相容也不可理喻的"，他对其并不同情，甚至完全不理解其目标——"如果有什么目标的话"（CV，第6页）。这些异议使得一些维特根斯坦的批评者很不舒服。一方面，维特根斯坦此处似乎在哲学和科学间做出明显划分。因此他拒斥将哲学变成准科学的任何哲学概念。由此他在《蓝皮书》中写道："哲学家们眼前不断晃动着科学方法，无法抗拒地被诱惑以科学的方式询问和回答问题。这一趋向是形而上学的真正根源，将哲学家完全引向黑暗。"（BB，第18页）同时，他显然感到总的来说与科学格格不入，或者他至少感到与科学的距离。他指出，"我与科学家并不具有同样目标"，"我的思维方式也不同于他们的"（CV，第7页）。"我们无法在科学中谈论伟大的、本质的问题。"（CV，第10页）他最后说："我也许发现科学问题有趣，但它们从未真正吸引我。"（CV，第79页）对于沉浸于科学价值的人来说，如此评论自然听起来刺耳，即便不是反启蒙主义者。

　　如果维特根斯坦的目标不是构造任何哲学理论体系，那么他如何看到自己所从事事业的结局？他以不同方式将此描述为要么显示语言中不能明确表达的东西，要么描述我们实践的明显特征。两种情况中他都认为"哲学家的工作在于为某种特定目的采集提醒物"（PI，第127页）。这一目的有时被描述为相应的治疗法，而这些治疗法反过来对他而言有多种多样的理解。"并没有单独一种哲学方法，但确有哲学方法，就像有各式各样的治疗法。"（PI，第133

页）这些治疗法的最终目标是导致有关生命问题的消失。"我们觉得，即使一切可能的科学问题都被解答了，我们的人生问题还是全然没有触及……在人生问题的消失中看到了它的解决。"（TLP，6.52—6.521）在另外的地方，他又将哲学描述为"针对借助我们的语言来蛊惑我们的智性所作的斗争"，并宣布"真正的发现"是"给哲学以安宁的那种发现"（PI，第109页，第133页）。

维特根斯坦的地位

尽管维特根斯坦对20世纪思想的影响无可置疑，但他在学院哲学专业中的地位总是难以保持确定。他对系统的哲学理论化的抵制，《逻辑哲学论》和后期著作中他的独特写作风格，他频繁表达的反哲学情绪，他深刻的文化悲观主义，他高度个性化的思想格调，所有这些都使得难以将他纳入学院哲学的框架。对维特根斯坦会做出相当不同的判定，这一点对于其观点总是独特有时甚至带有相当异质的思想家来说当然不奇怪。就这一点我们可以将他与尼采比较，因为这两位思想家都被认为代表了哲学的新起点，两位都被指责为不是真正的哲学家。除了把维特根斯坦当作"天才的哲学家"或者认为在他的著作中人们进入"新

的世界"的那些人①外，我们也可以轻易找到同样严肃地认
为他对哲学的重要性已被高估的其他人。

16　　　即使作为严格的哲学思想家，维特根斯坦也难于轻易
归类。我们可以直接将《逻辑哲学论》解读为像罗素和几
代分析哲学家那样所做的对逻辑理论的贡献。但是，我们
这样做也只是以忽视维特根斯坦坚持认为其著作中伦理目
的更广泛为代价。我们同样可以直截了当地将《哲学研究》
解读为对语言的理论研究的贡献，但也只是以忽视维特根
斯坦将其工作刻画为意在治疗为代价。有很多人下结论说，
维特根斯坦最深受伦理和宗教问题的触动。但是，唯独专
注于维特根斯坦思想的这一方面也有问题，似乎《逻辑哲
学论》和《哲学研究》的大部分对他的思想来说并不重要。
第三种解读路线强调他对哲学的谨慎。也许维特根斯坦毕
竟只是一个怀疑论者？这一解说也难免困难。他为什么要
以如此深度去探究真理和意义问题、逻辑和语言问题，如
果他仅仅意在最终将这一考察看作无意义的话？

　　　第四组解释者认为，最好忽视维特根斯坦关于哲学的
明确评论（不管本质上是伦理的、治疗的还是怀疑论的），
相反要专注他对具体哲学问题的处理。其中一些解释者甚

---

　　① 彼得·斯特劳森：《维特根斯坦〈哲学研究〉评述》，载 G. 皮策尔编
《维特根斯坦》（伦敦：麦克米伦出版社 1968 年版），第 22 页；大卫·皮尔斯：
《虚假的囚牢》（牛津：克兰伦敦出版社 1987 年版），第一卷，第 3 页。

至认为，然后才有可能发现他著作中连贯的、重要的哲学系统。这一结论可能达到，但也只是在视线中违反维特根斯坦的文本时。实际情况是，维特根斯坦毫无例外地涉及了广泛的哲学和半哲学论题，他力图以不同寻常的新鲜方式谈论它们，使用简洁洒脱的语言，常常借助于新奇的表象和比喻。这又引出了第五组读者，认为维特根斯坦著作中最有趣的是他致力哲学问题的方式。在这种观点看来，维特根斯坦首先告诉我们某些有价值的方法论教训。

维特根斯坦对 20 世纪哲学的影响不仅仅在于其所写出的著作或者他所作出的特定断言。他的哲学实践以及对这一实践的教学也同样重要，这首先是产生了一代遵循者和学生们，他们保留、传播和解释了他的工作。他们还向我们传播了他是如何从事哲学研究的。在其回忆录和所从事的哲学实践中，他们向我们传递了一些维特根斯坦探索哲学时的坚韧和道德。他从容不迫但毫不留情，逗弄着困扰他的那些问题，将它们捕获于最隐秘的洞穴和角落。对他来说，没有什么问题因为太小而会逃掉，没有什么路径太微妙而无法去追寻。他说："在其他人走过的地方，我却站着不动。"（CV，第 66 页）通过深刻关注把我们引入哲学困惑的那些字词，他从未忽略隐藏其中的重大问题。在其著述中，他建议、询问、惊奇，从事思想、行为和想象的实验。他要求他的读者们不断地进行跳跃思考。也许正是 17 这些特征使他向我们显示了作为一个思想家的真正重要性。

我们无须同意他得出的结论，我们无须被他关注的特定问题迷惑，但他仍然是真正哲学家的典范。

维特根斯坦保持哲学思考的活跃，直到他的生命终结。他的确选择了适合他的事业（或者毋宁说他据此发现了自己），他一直坚持思考，即便他感觉已无法走得更远。他在生命的最后一个月调侃自己，写道："我现在进行哲学思考就像总是丢三落四而不得不一再地寻找的老妇：一会儿找眼镜，一会儿又找钥匙。"（OC，第 532 页）但是，这并没有阻止他的前行。他的哲学笔记的最后一条写在他因前列腺癌而于 1951 年 4 月 29 日去世前的几天。因为他一直想以一个思想家结束自己的生命，所以他在临终时真诚地告诉他的朋友们，尽管遭受了所有痛苦和不幸，但他毕竟度过了"美妙的一生"①。

19　　**扩展阅读：**

诺曼·马尔科姆：《回忆维特根斯坦》，伦敦：牛津大学出版社 1958 年版。

瑞·蒙克：《路德维希·维特根斯坦：天才的职责》，纽约：自由出版社 1990 年版。

---

① 诺曼·马尔科姆：《回忆维特根斯坦》，第 2 版（牛津：牛津大学出版社 1984 年版），第 81 页。

第二章　世界及其结构

　　作为牛津大学的一名学生，我曾力图向我的导师吉尔伯特·赖尔确证《逻辑哲学论》是维特根斯坦的最伟大成就。赖尔对所有这类索解，一个字也不想辩驳，只是平淡地说了一句"有意思"而已。我现在不想重复这一早期断言。当然，从本书采用的角度看，《逻辑哲学论》也很难被看作维特根斯坦的最重要著作，尽管仍有不少哲学家（从罗素开始）同意我年轻时的轻率判断。但是，我仍相信，《逻辑哲学论》是不朽的哲学成果。作为 29 岁士兵的维特根斯坦所写的这部著作，只用 70 个打印页面便展示了整个世界的真实图景。如果该书是一篇乐章，人们可以称其为绝妙的咏叹调。本章和下一章我想描述《逻辑哲学论》的两个基本观念，它们是我认为其中最直接包含的跨领域问题。第一个是维特根斯坦关于世界的多元论观点（他的"逻辑原子主义"），第二个是他关于语言界限的概念。

"世界是所发生的一切"

　　《逻辑哲学论》以一个看上去直截了当却能给人带来困惑的句子开始。它似乎是显而易见的事实，几乎不值一提。困惑在于，维特根斯坦通过这样的一句想追寻什么。能以这样包罗万象的陈述甚至可能开始一部哲学著作，在现代思想家中还真不多。在我们这样高度专业化的时代，我们不禁会怀疑如此大尺度的概括。

　　一个例外是叔本华，他以这样的命题开始其主要著作《作为意志和表象的世界》："世界是我的表象。"① 维特根斯坦很可能模仿这一命题开始其首句。就其范围和节奏而言，它们的确很像。在其他方面，两个命题也有共同之处。

21　它们都先以明显而无可置疑的确实性做出判断，而在两部书的结尾最终都迟疑不决。于是，叔本华用下列一句话代替了首句陈述，"对于那些意志本身已归返和寂灭的人来说，我们这个如此真实的世界，包括所有太阳系和银河系，只不过是——虚无"②。表象世界在此消解为虚无和神秘的沉默。以同样的精神，维特根斯坦在《逻辑哲学论》结尾

---

　　① 阿瑟·叔本华：《作为意志和表象的世界》，E. F. J. 佩恩译（纽约：多佛尔出版公司1969年版），第一卷，第3页。

　　② 同上书，第412页。

写道:"我的命题通过下述方式而进行阐释:凡是理解我的人,最后会认识到它们是无意义的。"(TLP,6.54)与叔本华一样,他通过呼吁沉默结束自己的著作:"凡是不可说的东西,必须保持沉默。"(TLP,7)

我们一旦意识到这些相似,便也会注意到一些明显的区别。最引人注目的是,叔本华的首句谈论只相对于一个思考主体才存在的世界;而另一方面,维特根斯坦的首句则不以主体依赖的方式刻画世界。当然,他在《逻辑哲学论》的后面的确修正了这一点,补充说"世界是我的世界"(TLP,5.62),"我就是我的世界"(TLP,5.64)。尽管如此,在两个立场之间还是留有重要区别。当叔本华明显赞同一种唯心论时,维特根斯坦坚持认为,唯心论(或者如他在《逻辑哲学论》中说的唯我论)"严格贯彻到底便与纯粹的实在论一致",因为此处的我"缩成一个无广延的点,而与之同格的实在则保持不变。"①(TLP,5.64)叔本华的说法同时意味着要与经验科学拉开距离。他认为,我们"不知道太阳和地球,而只有看太阳的眼睛,摸地球的手"②。另一方面,维特根斯坦却支持客观的经验科学。在他看来,"真命题的总和便是全部自然科学"(TLP,

---

① 在维特根斯坦看来,唯心论与唯我论关联着,见《笔记》第85页,他在那里写道"如果严格贯彻到底,唯心论导向实在论"。

② 阿瑟·叔本华:《作为意志和表象的世界》,E. F. J. 佩恩译(纽约:多佛尔出版公司1969年版),第一卷,第3页。

4.11），他确信，科学的原型是物理学，甚至更专门的，是经典力学（TLP，6.341）。后来他补充说，物理学的典型特征是它不用"我"一词（PI，第410页）。

这一分歧显然说明，叔本华和维特根斯坦两人的形而上学观点存在着根本差异。叔本华在《作为意志和表象的世界》中写道："自在之物本身远离所有的知识形式。"无论如何，我们只能通过另一种方式接近自在之物，即转向我们存在的非认知的内在面。我们由此发现世界的内在性质是"意志"。在叔本华看来，由这一名称所标识的最终实在"处于时空之外，因而不具有多样性，最终只是一"①。年轻的维特根斯坦也许曾受到这一形而上学"一元论"的吸引。我们迟至1916年才发现这一痕迹，当时他在笔记中写道："我也可以谈论跟整个世界一体的意志。但是，这个意志在更高意义上就是我的意志。就像我的表象是世界一样，同样我的意志也是世界意志。"（NB，第85页）但是，这种思辨到《逻辑哲学论》已完全消失，似乎从前几页开始就完全转向多元论的形而上学实在论。

世界的实体

22

《逻辑哲学论》第二部分的前两个命题便是关于世界总

---

① 阿瑟·叔本华：《作为意志和表象的世界》，E. F. J. 佩恩译（纽约：多佛尔出版公司1969年版），第一卷，第128页。

体结构的多元论阐述。我们读道："发生的事情，即事实，是诸事态的存在。事态是诸对象（物、事物）的一种结合。"（TLP，2—2.01）这两条连同周围的一些命题，形成世界、事实、事态、对象的四层结构如下：

世界 = 事实的总和（TLP，1.1）

一个事实 = 事态的存在（TLP，2）

一个事态 = 对象的结合（TLP，2.01）

构成世界的事实是绝对具体的。"一件事情可以是发生了的或者未发生的，而每件事情都是如此。"这意味着事实的狭窄概念。例如，如果我们认为"A 是红色立方体"和"A 是红色的"都是事实，那么它们当然不会是相互独立的。在维特根斯坦看来，事态也必须相互独立（TLP，2.061）。关于事实和事态相互独立这一学说对于维特根斯坦这里提出的多元论世界图像来说相当根本。维特根斯坦后来也最终意识到，这也证明是《逻辑哲学论》的缺点之一。

然而，事态在这一图式中有着独特位置。当世界"是（所发生的一切）"，当事实"是（事态的存在）"，当对象"是（存在）"时，事态的本体论地位便有些模糊。如果它们存在，它们便是事实。但如果它们不存在，它们是什么？我们也许可以称它们为可能事实。但是这类可能性的本体论地位是什么？罗素曾经论证过非存在的事物的存在，但维特根斯坦从未感到有这个必要。我们必须转向他关于语言所说的话，看他用事态意指什么，因为只有"命题表现事态的存在和非存在"（TLP，4.1）。换句话说，非存在的事态只存在于语言中，不在别处。语言使我们能画出可能性的图像。非存在的事态因而与事实和客体并不具有同样的本体论水平，它们实质上只是虚构的。

维特根斯坦从一开始就强调，对他来说世界是事实的总体，而不是事物的总体（TLP，1.1）。因而在他看来，首要概念是事实而不是对象。我们只能在所发生的事态中（因而根据其在事实中的发生）设想对象。"每个事物都可以说是在一个可能事态的空间中。我可以想象这空间是空的，但不能想象不在空间中的事物。"（TLP，2.013）无论如何，对象在世界结构中占据特权的位置，就因为它们是构成"世界的实体"（TLP，2.021）。但是，这些对象并不是我们通常所谈论的事物（太阳、月亮、桌子、书），它们宁可说是实在的最终组成部分。作为世界的实体，"它们不可能是组合成的"（TLP，2.021）。它们是"简单的"，我们甚至无法说它们有什么性能。"世界的实体只能规定一种形式，而不能规定任何实质的特性。"它们只根据彼此的不同而相互区分，独立于所发生的情况。"对象是固定的东西，常住的东西；配置是变动不居的东西。"（TLP，2.0271）这些对象也许数量上无限（TLP，4.2211）。但是，也无法确定它们的数量，因为严格说来谈论"所有对象的数"（TLP，4.1272）是无意义的。然而，这样设想的对象对世界结构来说是根本的，因为"对象包含着一切事态的可能性"（TLP，2.014），存在的事态的总和就是世界。

不管这些多么有趣，我们都必须说维特根斯坦的世界图像仍在细节上留有大量模糊之处。例如，我们如何理解他的两个断定：（1）实质性能"首先由对象的形状构成"，（2）"对象的配置构成事态"？（TLP，2.023和2.0272）文本中没有什么能帮助我们理解，不管单独还是合起来。维特根斯坦本人是否能解决我们的困难，也远不是明确的。

逻辑原子主义

关于《逻辑哲学论》人们想问的第一个问题也许是，维特根斯坦从哪里获得关于世界结构的阐述？当然不是观察或经验研究的结果。答案可以在2.1开始的一系列命题中找到，那里有"我们为自己绘制事实的图像"。他接着说，逻辑图像再现它们所描画的东西的逻辑形式。事实的逻辑图像是思想，它自身在句子中得到明确表达。这里有两点很醒目：第一，世界的结构可以通过逻辑分析过程而发现（而且只能通过它发现）；第二，逻辑分析便牵涉到对语言的分析。如果人们思考的话会发现，这是些相当非凡的断言。按照第一个断言，哲学家和逻辑学家们在自己的私下研究中最有资格确定世界的结构；是他们而不是物理学家或其他自然科学家才最有资格告诉我们存在什么以及如何相互联系。对逻辑的启示性力量这一信念可以追溯至西方思想的源头。但随着弗雷格、罗素和维特根斯坦对新逻辑的创建，它获得了惊人的新生命。罗素尤其坚信，逻辑分析可以建立形而上学多元论的真理。他由此恰当地称自己的学说为"逻辑原子主义"①。

24 　　维特根斯坦的《逻辑哲学论》的前几页便显示罗素的逻辑原子主义如何深刻地影响了他；正是基于罗素的这一帮助，他才克服了叔本华形而上学唯心论和一元论的影响。维特根斯坦尤其采用了罗素的逻辑分析概念，正是他们的先例才产生了当代思想中名为"分析哲学"的整个学派。但是，应该注意的是，这类语境中所用的分析概念随时间而发生深刻变化，许多所谓分析哲学家并未从事罗素和早期维特根斯坦那种意义上的逻辑分析。② 后期维特根斯坦甚至建议，分析可以更广泛地看作一个过程，其中一种（哲学上混淆的）表达形式可以被另一种（哲学上更清晰的）表达形式加以取代（PI，第 90 页）。他现在放弃了有一种最终的彻底分析的观念。他也置疑这样的观念，即分析必然会促进理解，一个句子的"被分析"形式表明未经分析

---

① 贝特兰·罗素：《逻辑原子主义哲学》，载罗伯特·查尔斯·马什编，《逻辑与知识：1901—1950 年文集》（伦敦：阿兰和尤文出版社 1956 年版）。

② 有关这一论题见 P. M. S. 汉克尔在《维特根斯坦在二十世纪分析哲学中的地位》（牛津：布莱克威尔出版社 1996 年版）中的著名讨论。也见我的论文《历史与我何干？维特根斯坦与分析哲学》，载《探索》，1998 年 3 月。

的句子所实际意指的东西。他现在反对这样的想法，即"你若只具有未经分析的形式，就漏掉了分析；但你若知道经过分析的形式，就样样占全了"，还质疑情况难道不会是这样，即"后面这个人也像前面那个人一样，也失去了事情的一个方面"（PI，第63页）。

但是，一方面，他的分析概念从《逻辑哲学论》到《哲学研究》保持一致。那就是他确信"我们不分析现象（例如思想），而分析概念（例如思维概念），从而分析词的用法"（PI，第383页）。他的分析形式是语言性的这一点在《逻辑哲学论》中就已很清楚了，他在那里说道："在命题中，思想可以被如此表达：命题记号的诸要素与思想的诸对象相对应。这些成分我称为'简单指号'，而称这种命题为被完全分析了的。"（TLP，3.2—3.201）逻辑分析将是语言记号的分析，这一观念已不同于罗素。罗素忙于分析各种各样的实体，而不是语言表达式。语言分析的观念是由维特根斯坦引入分析传统的。这来自他早期对语言的兴趣和他对弗里茨·毛特纳著作的熟悉。从毛特纳那里，维特根斯坦还汲取了对日常语言及其用法的兴趣，在其后期著作中才彻底变成清楚的兴趣。即使在《逻辑哲学论》中，也已有这一兴趣的暗示。与弗雷格和罗素（他们认为自己的逻辑记号是对日常语言不完美记号的替代）相比，维特根斯坦认为"实际上，我们日常语言的一切命题，就像现在的样子，是有完全的逻辑次序的"（TLP，5.5563）。但是，这一逻辑次序隐藏在表层语法的下面，因为（日常）"语言掩盖着思想"（TLP，4.002）。为了确定这些命题的深层逻辑结构，我们必须观察它们的应用和用法。就此而言，他肯定不同于毛特纳，发觉自己和罗素一致，因为毛特纳曾认为日常语言没有逻辑次序。当维特根斯坦打算对毛特纳说，所有哲学必须关切语言本身，从而可以称其为"语言批判"，正如毛特纳在其主要著作的标题所建议的，这一批判决不能在毛特纳意义上进行。他然后补充说："罗素的功绩就是指出了：命题表面的逻辑形式未必是它的真实的逻辑形式"。（TLP，4.0031）

但是，《逻辑哲学论》的末尾出现了与罗素的另一个更深刻的分歧。这涉及对罗素形而上学理论化整个事业的怀疑。与罗素完全不同，《逻辑哲学论》甚至结论性地断言，任何想说某些形而上学东西的人"他没有赋予其命题中的某些指号以任何意谓"（TLP，6.53）。当然，逻辑原子主义学说所表达出来的也属于这类命题。最后这一令人惊奇的评论自然产生了维特根斯坦自己著作开头和结尾之间让解释者觉得难以处理的深刻紧张。我将在下一章更多地谈论这一话题。

当前的首要一点是，该书的开头几页并不像它们初看起来那样直截了当。当然，在维特根斯坦的生命中有过一个阶段（大体从 1911 年到 1916 年），当时他无条件地同意逻辑原子主义的形而上学。那段时间他曾同意罗素的观点而认为"哲学由逻辑和形而上学组成：逻辑是其基础"①。但是，到他合成《逻辑哲学论》时，这一早期的认识便烟消云散了。所以，本章的其余部分，我将谈论维特根斯坦到1916年为止所感兴趣的逻辑原子主义，就像《逻辑哲学论》开头几页所展现的那样。

"命题仅就其为图像而言断定某种东西"

罗素通过反对 F. H. 布拉德雷提出的逻辑一元论而获得自己的逻辑原子主义。在布拉德雷看来，我们的全部语词和命题最终谈论着一个单一事物，即布拉德雷分别称为"绝对"和"元一"的总体。罗素及其朋友 G. E. 摩尔先是着迷布拉德雷哲学，但他们都在1899年前后开始反叛它。在其突破性文章"论判断的性质"中，摩尔提出反常的观点，即我们的实在事实上由判断构成，因为判断是不可避免的复杂现实，必须包含实体的多样性。根据这一论证，罗素1903年在其著作《数学的原则》中坚持认为，"出现于句子的每个词必须有某种意义"，"词是代表某些东西而不是它们自身的符号，在这一简单含义上凡是词都有意义"②。

---

① 《逻辑笔记》(1913)，见 NB，第106页。

② 贝特兰·罗素：《数学的原则》，第2版（伦敦：阿兰和尤文出版社1956年版），第42、47页。

26

一个词所代表的东西，罗素称为"项"，他继续说"一个人，一瞬间，一个数字，一个类，一种关系，一只吐火兽，或者任何其他可以提及的东西，当然都是一个项"[1]。每个项存在着，而且是"不变和不可毁灭的"[2]。合起来时，项构成命题，命题与摩尔的判断一样，可看作世界上存在的复合体，而不是语言的或心理的项。如果我们理解了这一奇怪的学说，也许有助于用听起来更熟悉的"事态"或"事实"代替摩尔和罗素的术语"判断"和"命题"。如此便可明白，摩尔和罗素预示了维特根斯坦的学说：世界是事实的总和，事实由存在的事态构成，事态是对象的合成，而对象反过来构成世界的实体。换句话说，维特根斯坦的逻辑原子主义是摩尔和罗素这一学说早期版本的应用。

　　1903 年后，罗素开始意识到其早期的超级实在论导致逻辑悖论。难道例如"所有男人""一些女人""没有孩子""最大的黄金"形式的表达式并不代表某些东西？为了保留他的超级实在论直觉，他打算先接受一种错综复杂而极反直觉的"指谓复合体"理论。但是，学习了弗雷格对普遍存在命题的分析后，他在其 1905 年的论文"论指谓"中开始去掉所有这类复合体。关于超级实在论还产生了一个问题，他意识到一些符合语法规则的表达式却并不一贯

---

　　① 贝特兰·罗素：《数学的原则》，第 2 版（伦敦：阿兰和尤文出版社 1956 年版），第 43 页。

　　② 同上书，第 44 页。

地代表某些东西。于是，词项"所有不包括自身的类的类"代表一个类这一假设便直接导致矛盾。这些怀疑导致罗素最终采用了逻辑原子主义的新形式。依据这一观点，在我们说什么事之前，我们必须先对它们进行逻辑分析。罗素由此最终意识到区分我们句子表层语法和深层语法的重要性。他不再主张句子中的每个词都代表某种东西，反而认为只有"逻辑上的专门"名称才代表某种东西。这样，到1918 年他写道："苏格拉底、皮卡迪利大街、罗马尼亚、第十二夜或者你愿意想到并给予专名的任何其他东西，它们显然全都是复合实体……对我来说，我不相信这类复合实体。"① 但是，即使这样他仍相信有许多不同的事物。"我并不把世界的明显多样性只看作单个不可见的实在的不同位相和非实在部分。"②

当维特根斯坦 1911 年到达剑桥时，罗素刚完成了著作《数学原理》，反过来关注与逻辑原子主义有关的问题。罗素现在有了这样的观点，即简单物必须是"感觉材料"，它们的直接特性，也许还有诸如"非""和""所有"和"一些"词语所指的某些"逻辑对象"。世界现在由这些项及其在事实中的联结构成，其他东西都是"逻辑虚构"。为了推动这一观点，罗素总结说：完全被分析的句子的结构反映 27

<hr>

① 罗素：《逻辑原子主义哲学》，载罗伯特·查尔斯·马什编，《逻辑与知识：1901—1950 年文集》（伦敦：阿兰和尤文出版社 1956 年版），第 190 页。
② 同上书，第 178 页。

着实在的结构。

维特根斯坦起初接受了这一逻辑原子主义形式。它向他提供了原子主义形而上学的概要，也回答了这一形而上学实在如何能被认识的问题。《逻辑哲学论》由此便从概括世界的形而上学结构开始，进而解释我们关于这一结构的知识。维特根斯坦写道："我们为自己绘制事实的图像……图像是实在的一个模型。"（TLP，2.1，2.12）他还说道：

> 一个名字代表一个事物，另一个名字代表另一个事物，而且它们相互结合在一起。所以这个整体则犹如一幅生动地表述着原子事实的图像。命题的可能性以记号再现对象的原则为基础……命题只有在逻辑上是清晰有节的，才是事态的图像。（TLP，4.0311—4.032）

逻辑上被分析的句子的结构反映着实在的结构，这一学说现在随着《逻辑哲学论》而被充分注意到，以至于它被通常称为维特根斯坦"意义的图像理论"，即使罗素曾先于维特根斯坦提出这一点。① 但是，维特根斯坦对逻辑原子主义的贡献不是这种"理论"，而是对他的澄清和实质性的改进。

他首先引入这样的观点，即一个命题可以看作它所关涉的事态或事实的图像。但是，他立即意识到，他这里使

---

① 人们需要清楚，维特根斯坦不会同意将意义的这一观点称为一种"理论"，因为他在《逻辑哲学论》中指出"哲学不是一种学说，而是一种活动"（TLP，4.112）。

用的是有些专门意义的图像概念。他肯定不是在绘画、图画或照片的意义上意指命题是图像。它们不是事实上的视觉的，而只是"逻辑的图像"。就该词的任何意义来说，为了使一者能成为另一者的图像，他认为在图像和被描画者之间"必须有某种相同的东西"（TLP，2.161）。更确切地说，这意味着"命题及其表现的事态具有正好一样多须加以区别的部分。二者必须具有相同的逻辑的（数学的）多样性"（TLP，4.04）。命题是一种逻辑图像，意思是可区别部分由惯常的名称而不是意象表现着。基本观点当然不难理解。如果我们看到包含两个事物如一只猫和一块垫子间关系的事实，那么"猫在垫子上"可以看作那一事实的逻辑图像。句子中两个事物的关系由这两个事物名称间的关系来刻画。当然，名称"猫"和"垫子"并不像它们所代表的对象，因此命题只是一种逻辑图像而不是视觉图像。

但是，维特根斯坦还意识到，如果接受这一学说而不做进一步修改，它会很快陷入困境。维特根斯坦从罗素与自己沟通时所主张的意义的图像理论中似乎意识到其中一些困难。罗素当时认为，逻辑上复合的句子如"猫在垫子 28 上或狗在叫"一定描画着逻辑上复合的（析取的）事实，它不同于由组件"猫在垫子上"和"狗在叫"所描画的原子事实。他同时还主张，逻辑小品词如"和""或""如果……那么……"与词语"猫"和"狗"一样代表对象（逻辑对象）。维特根斯坦从未同意这一观点，而罗素最终也放弃了它，尽管可能是在维特根斯坦离开剑桥之后。[①] 由于不清楚思想的这一变化，维特根斯坦在《逻辑哲学论》中仍然坚信自己的观点而强调与罗素的争执，认为只有（真的）基本命题可以说在描画事实，没有否定、复合、条件或概括的事实，也没有逻辑对象这样的事物。

这一观点足够合理，但他也立即招致某些新困难。一个命题可能看上去是基本的，尽管如此它也可能是逻辑上真正复合的。罗素本人毕竟在命题的表层语法和深层语法间作了区分，而这一点维特根斯坦也确实同意。罗素在《逻辑哲学论》中写道："语言掩盖思想，而且掩盖得使人不可能根据衣服的外表形式推知被掩盖的思想的形式。"（TLP，4.002）"罗素的功绩在于指出命题的表面的逻辑形式不一定是它真实的逻辑形式。"（TLP，4.0031）只有借助逻辑分析，命题的逻辑形式才能被揭示出来。但是，罗素没能理解这一洞察的严肃性。人们如何确定逻辑分析是完备的，而一个命题的真正逻辑形式是否已被发现？例如，也许在一个还未完全分析的命题中有一个看上去像对象名称的记号，但进一步的逻辑分析可能代之以某一逻辑上复杂的表达式，因而表层的对象会消失。那么逻辑原子主义真正想说什么？

---

① 罗素看法的改变记录于"逻辑原子主义哲学"，他在那里写道："我并不认为世界上有与'P 或 Q'对应的单个析取事实。"（第 209 页）

意义的图像概念还有我们必须注意的进一步后果。它认为，所有语言的深层结构是一样的。尽管表层语法也许极为不同，但每一可能语言的命题必须有同样的深层结构，如果它们想描述同样事实的话。因为这一深层结构必须与所描画的事实的结构是同构的，这是按照《逻辑哲学论》的说法。"有如童话故事里讲的两个少年，他们的两匹马和他们的百合花。在某种意义上，他（它）们都是相同的。"（TLP, 4.014）我们甚至可以说从深层结构角度来看只存在一种语言。这也说明为什么维特根斯坦当时只用单数谈论"语言"，"我所理解的唯一语言"（TLP, 5.62）。我强调这点是因为这里发现了维特根斯坦的后期观点与《逻辑哲学论》的观点大相径庭的要点之一。到 20 世纪 30 年代中期，他已放弃早期关于语言的"一元论"观点，而主张存在着许多种语言（或语言游戏，像他喜欢说的那样）。他现在不再设想语言有内置的深层结构，这当然也排除了语言结构由实在结构决定的可能性。 29

同样重要的是维特根斯坦在《逻辑哲学论》中意识到，意义的图像概念无法恰当地陈述，因为每一个陈述都包含事实和命题之间的比较。但是，我们永远无法从外部独立地看到这一设定的关系。事实上只有通过我们对它的思维或言说才能呈现给我们，这意味着我们拥有关于它的图像。那么，图像概念还留有什么呢？是否预设着我们的语言拥有意义呢？是否是我们必须毫无疑问接受的一种意义？是否是某种显现自身却不能被论证或说明的东西？这是否像逻辑原子主义学说的那样必须放弃？换句话说，我们发觉自己又返回到《逻辑哲学论》的最深困惑中。

逻辑原子主义简史

从某种程度上说没有什么比存在着许多事物这一观点更为自然的，毕竟感觉经验向我们呈现万花筒般的印象，它让我们熟悉多样的对象如植物、动物和人，不同种类的事物如岩石、河流和云朵，以及不同的性质、状态、事件、关系等。另一方面，一元论实质上是一种纯理论的立场。它强迫人们放弃感观印象，而通常主张外观和实在间的强烈区分。在第一位伟大的一元论哲学家巴门尼德看来，信任感觉的那些人是"聋子和瞎子，全都昏了头"，他们所相信的东西完全靠不住。另一方面，逻辑向我们揭示：存在是不可见的、持续的、不变的和一致的，"像十足的球形体"[1]。反过来，逻辑原子主义试图挑战一元论立场，不是通过确证感觉经验的可靠性，而是通过提出自己的逻辑思考。简要看到逻辑原子主义所提出的各种论证很有助益，因为它们最终都在维特根斯坦的著作中得以重新考察。

---

[1] 巴门尼德：《诗篇》残片8，引自 G. S. 科克和 J. E. 兰温：《前苏格拉底哲学家》（剑桥：剑桥大学出版社1964年版），第276页。

与巴门尼德的一元论形式不同，留基波和德谟克利特提出我们所知最早的逻辑原子主义形式。他们认为"没有虚空便无法运动，虚空是非存在，没有存在的部分便不是存在"，他们同时主张，存在不是一个，而仅仅由于其微小，便分为无限多的可见元素。这些原子"在虚空中运动，它们合起来而形成存在物，分开来而使存在物消失"①。这里的直觉假设是，为了理解变化，我们必须假定存在着可以进行各种组合的不可变元素。我们可以称此为热衷逻辑原子主义的变化叙事。

在《泰阿泰德篇》中，柏拉图描述了一种出于不同动 30 机但同样正式的原子主义学说。苏格拉底在对话中描述了一次梦，觉得存在着"基本元素，我们以及其他一切事物都由它们组成"②。这些元素只能被命名，因为如果我们要谈论它们，我们就是在它们之上增加某些东西。与这些元素相比，由它们所组成的事物只能通过指称它们来刻画或描述。《泰阿泰德篇》从未告诉我们苏格拉底梦中的基本元素是指什么。它们当然不是德谟克利特和留基波的物质原子。我们可以猜想，柏拉图把它们认定为理念或形式，但我们必须注意到他在《泰阿泰德篇》中还一点没有提及理

---

① 亚里士多德：《论生长和腐烂》，A8，325a，引自 G. S. 科克和 J. E. 兰温：《前苏格拉底哲学家》（剑桥：剑桥大学出版社1964年版），第404—405页。
② 柏拉图：《泰阿泰德篇》，201e。

念论。当我们询问是什么激发了《泰阿泰德篇》中的原子主义假设，我们可以识别两个不同的推论线索。第一个是分析叙事，按照这一叙事，假设存在着复合物也就承认存在着简单物。另外，柏拉图还提出了我们可以称为表征叙事的观点，它来自一种观点，即我们的语言有原子主义的结构。命题由作为简单元素的词组成，写下的词又由字母组成。《泰阿泰德篇》中的苏格拉底让我们理解的这点也证明一个结论，即我们谈论的事物也由复合物和简单物组成。

变化、分析和表征叙事全被莱布尼茨的逻辑原子主义形式采用。这一点不惊奇，因为莱布尼茨的哲学系统实质上是一种调和，因为它力图容纳所有以前的哲学理论化。我们由此在他的《单子论》中读到与分析叙事一致的话："必定存在着简单实体，因为存在着复合体，因为复合体只是简单实体的集合或汇聚。"[1] 莱布尼茨还采用了柏拉图的表征叙事。在其"关于物与词的对话"中，他写道："当特征被用于证明时，它们必须表现对象中也具有的某种关联、归类和秩序。"[2] 但是，莱布尼茨的"单子"既不同于留基波和德谟克利特的原子，也不同于柏拉图的基本元素。与留基波和德谟克利特的原子不同，"单子"实质上类似于心

---

[1] 哥特弗雷德·莱布尼茨：《单子论》，载《选集》，菲利普·P. 维纳编（纽约：斯克里布纳出版社 1951 年版），第 2 部分。

[2] 哥特弗雷德·莱布尼茨：《关于物与词的对话》，载《选集》，菲利普·P. 维纳编（纽约：斯克里布纳出版社 1951 年版），第 10 页。

灵而不是物质；与柏拉图的基本元素不同，它们是个体实体。然而，它们与古代的原子共有一种特性，即它们并不自然地进入或远离存在。但是，在一个重要之处，莱布尼茨比他的先辈们更明确。他让我们确信，单子必须被看作完全相互独立的。一个单子的存在或非存在一点也不决定其他任何单子的存在或非存在。

维特根斯坦从未谈到德谟克利特和留基波的原子论，尽管他肯定熟悉它。但是，在《哲学研究》中，他的确将自己的和罗素的逻辑原子主义与《泰阿泰德篇》中的原子主义做了比较。（PI，第46页）而且通过罗素，他也肯定知道莱布尼茨的单子系统。

维特根斯坦的动机 31

在希腊原子主义者看来，变化可以得到解释，仅当我们假设世界存在着不变的基质，即存在着可以形成各种变化结构的个体原子时。但是，这一叙事在罗素的逻辑原子主义版本中不起作用，对于《逻辑哲学论》也只处于边缘位置。维特根斯坦只在 2.027 以下涉及一次："固定的东西、常住的东西和对象是一个东西。对象是固定的东西、常住的东西；配置是变动不居的东西。"

这种忽视的一个理由是，罗素和维特根斯坦实质上用非时间的、结构性词语描述世界。事实上，我们在《逻辑哲学论》中极少发现涉及时间的概念，完全不涉及历史的概念，只一次反对涉及进化。就涉及历史而言，维特根斯坦在其笔记中写道："历史与我何干？我的世界是第一和唯一的世界！"（NB，第82页）在《逻辑哲学论》中，他就进一步说道："达尔文学说跟自然科学的任何其他假设一样与哲学无关。"（TLP，4.1122）这就证明了哲学什么也不是，因为"哲学不是一门自然科学。（'哲学'这个词必是指某种超于自然科学或低于自然科学而非与自然科学并列的东西。）"。（TLP，4.111）《逻辑哲学论》的世界不是过程、力或能量流的世界，更准确地说它是对象及其结构的世界。我强调这一点是因为，它直接反映到《逻辑哲学论》谈论语言的某些东西上。发现该书以纯粹非时间的结构性词语描述语言，对此我们确实不应感到奇怪。维特根斯坦在这一点上似乎感兴趣的不是语言有许多其他用法的事实，而是做真假断定的事实。他也不涉及语言的交流功能，并不问语言如何习得，语言如何随时间变化，不同语言有不同的结构这一事实说明了什么。所有这些问题他只在后来才提出。

他自然而然会以结构性词语说明自己的原子主义。用莱布尼茨《单子论》类似的话，维特根斯坦在其笔记中写道：

　　简单物的观念似乎已发现包含在复合物的观念和分析的观念中，如此一来，我们到达这一观念就完全

> 不用简单对象或提及它们的命题的任何例子，我们意
> 识到简单对象——先验地——作为一种逻辑必然性的
> 存在。(NB，第60页)

当然，我们也感到奇怪，分析过程是否真的要求这类
简单物的假设。维特根斯坦也的确在笔记中问自己："那么
无论如何存在着分析过程。现在可以问这一过程是否要走
到尽头？如果可以，尽头是哪儿？"（NB，第46页）假定 32
分析开始于某个复合物，它是否会非限定地持续下去而无
须到达最终的简单基质？维特根斯坦得出结论，这一可能
性与如下含义相冲突，即"世界必须是本来的面目，它不
必是限定的"。要否定存在着最终的分析元素，便意味着世
界是非限定的，在这个意义上我们的知识也是不确实和非
限定的。但是，"世界有固定的结构"（NB，第62页）。对
他来说，这显然是根深蒂固的信念。

在维特根斯坦看来，逻辑分析过程必须结束于最终的
简单物，在这一点上过程是有限的。即使分析无限持续下
去，我们仍会争辩说："它将结束于简单对象。"但是，这
种情况下我们当然无法计数这些对象，我们甚至无法确定
它们的一般特征。我们可以说的是，一定存在着简单对象，
当我们的逻辑分析完成时，它们便会被识别出来。假定我
们的分析已经到达某一步，从这一事实如何推导出我们无
法再进行下去？失败不是来自我们吗？我们也许只有权说，
对我们来说存在着简单的对象？我们的简单性观念是相对

的吗？维特根斯坦确实考虑了这种可能性："对我们来说简单物是：我们熟知的最简单物——我们的分析能达到的最简单物。"（NB，第47页）但是，他最终返回如下观念，即一定存在着绝对的简单对象。这又将我们带回到我们是否能识别它们的问题。对于我们，什么时候到达最终的分析层次有客观标志吗？它们会是什么？

维特根斯坦同意柏拉图和罗素两人的看法，认为对象只能被命名。但是，什么可以算作名称？我们一般假定可以命名事物的所有种类，比如桌子、表、书或颜色表面。维特根斯坦在笔记中写道："很显然，我事实上可以将一个名称与这只表关联起来，就像它在我面前嘀嗒着一样，而这一名称将在任何命题之外有一指称，如同我总是给出这词那样，我感到命题中的那一名称对应于'简单对象的名称'的所有要求。"（NB，第60页）那么我们应该说我们通常当作名称的每样东西都代表对象。"从这点看，现在似乎一定意义上可以说所有名称都是真正的名称。或者，我也可以说，似乎所有对象一定意义上都是简单对象。"（NB，第61页）这又将我们抛回到与摩尔和罗素早期的超级实在论类似的东西。还有一种可能性就是，名称可以代表最为不同的形式，而只有记号的句法应用才决定我们是否命名了简单对象。但是，"简单对象的名称的句法应用是什么"？（NB，第59页）

鉴于这些思考，维特根斯坦的《逻辑哲学论》之所以

除了形式术语外并不力图刻画对象便显而易见了。他在
《笔记》中对分析叙事和表征叙事的批判反思使他不可能同
意罗素的逻辑原子主义，在后者看来，简单客体对我们来 33
说直接可接近，实际上是感觉材料及其可感知的特性。维
特根斯坦在笔记中戏弄这种可能性："作为简单物的例子，
我一直考虑视觉领域的点（正如视觉领域的部分总是作为
典型的复合对象出现在我的心前一样）。"（NB，第 45 页）
这一思想也的确可以在《逻辑哲学论》中听到一点回声，
他当时写道："空间、时间和颜色（有色性）是对象的形
式。"（TLP，2.0251）但也不能说他完全接受了罗素的简单
物观点。在笔记中，他只与其他可能性一起考虑了这一观
点。他由此也怀有如下思想，即"像我们在物理学中所做
的那样，将形体分割为物质的点只不过是分析为简单的成
分而已"。（NB，第 67 页）然而，他最终将所有这些考虑
抛掷一边，将简单对象的纯形式刻画选作分析的必要终点。
他由此写道：

> 试图在符号记法中表达伪句子"存在简单事物吗"
> 将是徒劳。很显然，当我思考这问题时，我眼前有关
> 于事物的概念，关于简单关联的概念。但是我如何想
> 象简单物呢？这里我所能说的往往是"'X'有指称"。
> 这是一个千古之谜。（NB，第 45 页）

他由此得出结论："似乎毕竟无法像我以前设想的那样
确立一种逻辑发明物。"（NB，第 66 页）

这些表述使一些解释者认为，对《逻辑哲学论》的作者维特根斯坦来说，简单对象的名称只不过是空间占据者，"哑变量"，其唯一功能是指明世界有某种多样性。解释者尤其依靠如下断言：当我们抽掉其外部特性时，"具有相同逻辑形式的对象……互相有别只是由于它们是不同的对象"（TLP，2.0233）。维特根斯坦本人似乎在这种可能性和如下观点（表达于 1929 年与维也纳学派的对话）间摇摆，即确定这些对象性质的任务不得不留给经验科学。

对逻辑原子主义的批评

在 20 世纪 30 年代中期以后的著述中，维特根斯坦开始考察如下可能性，即逻辑原子主义学说立足的简单性概念实际上也许和语言有关：一种语言把一类指号算作简单名称，而另一种语言把另一类指号算作简单名称。到写作《哲学研究》时，他已放弃了简单对象的整个观念。他尤其怀疑隐藏在简单对象背后的如下观念，即在这种学说看来，思想或语言是"世界的独特对应物，世界的图画"（PI，第96 页）。《哲学研究》向我们指出，这一观念像光轮一样环绕着思想。逻辑向我们呈现"世界和思想必定共同具有的"秩序，这一假设只不过是把词语"世界"和"思想"看作"超级概念"而产生的幻觉。"但是，只要'语言''经验''世界'这些词有用处，它们的用处一定像'桌子''灯'

'门'一样卑微。"（PI，第97页）在《哲学研究》中，维特根斯坦实际上对逻辑原子主义的三种支撑叙事提出三点严厉批判。

名称的意义。维特根斯坦将矛头首先指向表征叙事。他写道，《逻辑哲学论》曾将命名当作"一个词和一个对象的奇特联系"（PI，第38页）。按照这一观点，"一个词本来应该标示单纯的东西"（PI，第39页）。但是，这可能只对我们称为"真正"名称的一类独特表达式是对的。我们通常当作一个"名称"的不可能都是这样。这种理解直接来自《逻辑哲学论》的根本原则，因为它假设：通常的复合对象有一个名称，这一对象是名称的意义。基于这一假设，如果对象停止存在，那么名称便失去其意义。但是，通常的"名称"显然并不是这样。因此这类"名称"肯定是暗含的摹状词。一旦我们分析命题，普通的名称便消失了，如果分析完成了，我们将拥有只命名简单物的名称。按照《逻辑哲学论》的观点："可以合理地称这些词为真正的名称。"但是，《哲学研究》反对这一推理线索，转而提倡如下观点，即"一个词的意义是其在语言中的用法"（PI，第43页）。这使维特根斯坦得出结论：已停止存在的对象的名称仍有意义，只要名称在该语言中仍有用法。不必要区分真正名称和普通名称，也没必要设定简单的、不可消失的对象为真正名称的关联物。

简单性概念。维特根斯坦的第二个矛头指向分析叙事中使用的简单性概念。他在《哲学研究》中写道："我们以无数不同而又互相有着不同联系的方式使用'复合的'（因而还有'简单的'）这个词。"（PI，第47页）例如，我们可以问棋盘上的乳白色是简单的还是由纯白和纯黄组成的。我们可以更一般地问白色是简单的还是由彩虹的颜色组成的。"2厘米的长度是简单的还是由两个各长1厘米的长度组成的？但为什么不是由3厘米长的一段和否定意义上的1厘米长的一段组成的？"我们必须记住："有些时候我们甚至倾向于把较小的东西看成是较大的东西复合的结果，把较大的东西看作较小的东西分割的结果。"（PI，第48页）与《逻辑哲学论》"对象是简单的"学说形成强烈的对比，维特根斯坦现在断言，不存在绝对简单性或绝对复合性这类事物。当我们称某物简单或复合时，我们这样称呼总是关联着某一标准或尺度。"如果我对某人说'我现在眼前看到的东西是复合的'而不做任何进一步的解释，他就有理由问我：'你说"复合的"是什么意思？因为什么都可以这样说！'"（PI，第47页）

不可毁灭性。维特根斯坦的第三个矛头指向变化叙事。《逻辑哲学论》曾认为，存在着必定不可毁灭而简单的东西，因为其他复合物都可以分解而还原为它。到《哲学研究》，他认为这只是浮于我们脑海的特定表象：

> 因为经验可不向我们显示这些元素。我们看见某件复合物（例如一把椅子）的组成部分。我们说椅背

是椅子的一部分，但椅背又是由各式各样的木块组成的；相比之下，椅腿则是简单的组成部分。我们也看见某个东西的整体改变了（被毁坏了），而它的组成部分却保持不变。我们就是用这些材料制作出关于实在的那幅图画。（PI，第59页）

当我们提到复合对象时，我们实际上并不想就它们的简单部分说些什么。当我要一把扫帚时，我不是要连在上面的胶和刷子。当我说红色对象时，不是代表我认为"红色本身"是不可毁灭的东西。

《哲学研究》并没打算提出关于世界的图像，用以替代我所概述的《逻辑哲学论》的图像。维特根斯坦现在反而限制自己，认为关于实在的逻辑原子主义概念立足于语言如何工作的可疑假设。尽管有他的中肯批判，但逻辑原子主义对于哲学家来说并没有失去其魅力。它实际上仍然很流行——尽管不都使用旧的名称。其中最近的化身便是各种形式的"可能世界"语义学和"可能世界"形而上学——它们都根植于《逻辑哲学论》。我们在《逻辑哲学论》中看到：世界是事实的总和，这些事实中的每个原则上都可由一个句子描述，世界作为一个整体由此可以由真句子的整体加以完全描述。"可能世界"语义学认定，我们同样可以借助可能的真句子整体来描述可能世界。"可能世界"形而上学更进一步断言，可能世界在一定意义上存在着，因而不只有关于现实世界的形而上学，而且有关于可能世界的形而上学。"可能世界"语义学和"可能世界"形而上学都认同如下观点，即每一可能世界都由一些对象组成，而每一世界的对象都被派给了某些属性。换句话说，不同世界交叉的对象本身是无色而简单的。这些形式的逻辑原子主义的持续存在表明这种学说的巨大吸引力。毕竟如果我们不打算认可某种形式的一元论的话，又如何去思36 考世界呢？所有形式的多元论似乎都回过头来假设，世界上存在着各种事物以及事物的结合，这些事物要么拥有要么缺乏某些特性，它们处于或不处于某种关系之中。这些假设是各种形式的原子主义立足的简单的直觉基础。

后期维特根斯坦并没有屈服于这些直觉。在《哲学研究》中，"世界"只是作为某些语言游戏在其中玩或不玩的场所而提及。（PI，第205页）在其生命的晚期，维特根斯坦转向对"世界观"和"世界图像"的考察。他在笔记的最后写道，一种世界图像首先是"我的一切探讨和断言的地基"，我的研究的"理所当然要依靠的基础"（OC，第162页，第167页）。它提供了思想、证明、信念、确信甚至怀疑的"系统"，我们的日常思维正是在这一系统内运行的。我们可以说他这时从关于世界的形而上学转到关于世界图像的语义学。

但是，问题依旧存在：没有关于我们实在性质的某一图像，我们是否仍能从事某种哲学。维特根斯坦后来当然没有给出更多关于世界整体的宏伟断言。但我们也可以指出，关于世界何物存在，他谈到了所有种类：物质形体、行为、语言游戏等。这难道不意味着某种形而上学？我们也可以从他的后期著述对语言功用的描述中或许可以推导出关于实在的更精致的图像。对语言的这种阐述肯定要求放弃世界有一固定结构的观点，相反，作为世界的逻辑秩序，我们所看到的东西正是在我们的语言游戏中所实际制造出的东西。从这一视角看，世界显现为各个方向上相似性相互交叠的领域，正是在这一完全开放的领域，我们把自己或多或少简洁的语言游戏置入其中。这一意象很有吸引力，但我们能明白它吗？人类语言的各种要求不会把我们一再拉回到如下观念，即存在着对应于我们语词的单个实体，对应于我们句子的复合物；世界毕竟有决定性的结构，不管我们是否知道它。

结　语

罗素将逻辑原子主义看作反对他曾一度支持的布拉德雷一元论的重要对立面。这使他明白，实在由许多事物而不是一个构成。维特根斯坦早期支持逻辑原子主义，这使得他同样反对各种形式的一元论：不仅有巴门尼德和布拉德雷提出的一元论，而且有斯宾诺莎和叔本华主张的一元论。尽管在其他方面一直对叔本华感兴趣，但维特根斯坦自从接受了罗素的逻辑原子主义后，便不再受叔本华形而上学系统的诱惑。

37　　当然，这种原子主义只在非常特定而狭窄的意义上才是多元论的。它主张世界由许多单个对象和特性组成，而同时又主张世界有单个的逻辑结构。后期维特根斯坦走向另一更深刻意义的多元论。当他走出（仅当走出）《逻辑哲学论》后，他对语言、思想和世界观的理解彻底转向了多元论。他最终达到的结论是，逻辑也有多元论的特征。在他的笔记的最后，他将其描述为我们的思想在其中流动的河床。"这条河流的河边一部分由硬岩组成，不发生变化或只有不可察觉的变化，一部分由沙土组成，一会儿这块一会儿那块，被水冲走，或沉积下来。"（OC，99）所以，"也有某种类似于另外一种算术的东西。我相信承认这点一定是对逻辑的任何理解的基础"。（OC，375）但是，为了理解这种逻辑，"你必须观察语言的实践，然后你会看到这一点"（OC，501），维特根斯坦在后期认为，这种语言实践肯定是多样的、可变的和完全属人的。

扩展阅读

詹姆斯·格里芬：《维特根斯坦的逻辑原子主义》，牛津：克兰伦敦出版社1964年版。

H. O. 穆恩斯：《维特根斯坦〈逻辑哲学论〉导论》，芝加哥：芝加哥大学出版社1981年版。

第三章　语言的界限　　39

依照其前言，《逻辑哲学论》旨在"为思维划一条界线，或者说得更确切些，不是为思维而是为思维的表达式划一条界线"，以便于以这种方式表明，哲学问题产生于"对我们语言逻辑的误解"。维特根斯坦确信，鉴于语言的界限以及"在界限那一边的东西则根本是无意义的"（TLP，第 27 页），这些问题不可能恰当地提出。但是，宣布了这一重大论题后，他离开了好奇的读者，在回到这个论题前用了半本书自顾自地工作。首先他概述了世界的结构（TLP，1—2.063），然后更详细陈述语言的结构（TLP，2.1—4.0641），只在 4.1 他才返回语言界限和哲学局限的问题。他在 4.112 宣布："哲学［即那种正当的哲学，而不是他反对的错误哲学］的目的是对思想的逻辑澄清。"这句也许听起来没什么争议，但下一句是爆炸性话语："哲学不是一种学说，而是一种活动。"（TLP，4.112）那么，我们如何看待这句话之前的近乎 300 条断言，关于事实、事态和对象的断言，关于图像、意义、思想、命题和名称的断言？现在似乎"哲学的结果不是得到'哲学命题'，而是对命题的澄清"，所以哲学工作实质上在于"澄清"（同上）。维特根斯坦否认他在《逻辑哲学论》前半部分的断言是"哲学命题"，它们只想成为"澄清"。

当我们发现在这次讨论语言的界限和哲学的局限后，维特根斯坦在 4.2 回过头来做关于逻辑更无可置疑的断言，我们也许会感到更加困惑。只是到《逻辑哲学论》的第 6 节，他才再次回到语言界限的主题。然后他以惊人的华丽修辞结束这一节："我的命题通过下述方式而进行阐释：凡40　是理解我的人，当他借助这些命题，攀登上去并超越它们时，最后会认识到它们是无意义的（可以说，在爬上梯子之后，他必须把梯子丢掉）。他必须超越这些命题，然后才会正确地看世界。"（TLP，6.54）

如何解读《逻辑哲学论》

被形而上学思辨尤其是逻辑原子主义吸引的哲学家倾向于忽视或排除结论性的这一面。对这一问题相当感兴趣的贝特兰·罗素却讽刺性地写道："令人疑惑的是这样的事实，即维特根斯坦先生毕竟尽力地说了大量不可说的东西。"（TLP，第 22 页）的确不易调和《逻辑哲学论》的怀疑论结论和教条主义开端。维特根斯坦在《逻辑哲学论·序言》中不是说过"这里所陈述的思想的真理性，在我看来则是无可置疑和断然确定的"吗？（TLP，第 29 页）维特根斯坦的断言如何能无可置疑地正确却无意义呢？他的解释者恰好被这一问题困扰着。

结果对《逻辑哲学论》出现了三种不同解读。第一种，"形而上学"解读认为，维特根斯坦毕竟旨在发展逻辑原子主义的完整理论，所以该书结尾部分的退缩应该忽略不计。第二种，"超验"解读总结说，按照维特根斯坦的最后评述，该书前面的句子严格说来的确无意义，但这些评论无论如何指出了某些真实的东西。沿着这一线索解释维特根斯坦的人们充分注意到他的断言"的确有不可说的东西。它们显示自己"（TLP，6.522）及相伴的陈述："可显示的东西是不可说的。"（TLP，4.1212）形而上学可以属于这一范畴吗？因此维特根斯坦断定，唯我论的——显然是一种形而上学学说——"真理"显示自己。他写道："这就是说，唯我论的命意是完全正确的，只是它不可说，而是显示出来。"（TLP，5.62）那么逻辑原子主义——当然包括《逻辑哲学论》的整个形而上学——毕竟是真的，即使不可用语言来表达。不幸的是，这一解决办法只是《逻辑哲学论》最终达到的极端结论的循环论证，根本无法化解这一问题。第三种，对该书的"果断"（即彻底实证主义）解读指出，《逻辑哲学论》前面的句子不管说的还是显示的都不真，宁可说它们旨在举例说明维特根斯坦想消除的那种典型的形而上学胡说。但是，这一解读无法简单说清该书起始段落的那种肯定语气。而且它迫使我们承认，不是《逻

辑哲学论》的所有主题都严格说来无意义。（TLP，6.53）
如果它们是无意义的，那么命题本身必定无意义。无论如
何，《逻辑哲学论》存在着许多断言（如关于命题的结构），
听起来维特根斯坦似乎实际上想用它们指出某些真实情况。
最后，"果断"解读必须说明为什么维特根斯坦 1930 年前
后再次附带地重述逻辑原子主义学说，认为他的陈述"所
具有的价值只在于澄清"和"界限"。①

　　或许还有另一种可能性。解释者可能错误地假设《逻
辑哲学论》旨在从总体化角度给我们关于思想的单一连贯
"系统"、关于"世界"的完整概念。每个此类解读都被迫
淡化维特根斯坦的强劲断言，即哲学不是一种学说而是一
种活动。当我们把《逻辑哲学论》之前的维特根斯坦著述
与该书一并考虑时，我们发现，完成的文本大体遵循了他
从 1911 年到 1918 年的思维进程。在最早的笔记中，他完全
支持逻辑原子主义的形而上学。但是到 1915 年 6 月，他已
经开始严肃地怀疑这一学说的细节。意义的图像概念的罗
素版本开始受到他的审视；我们可以实际确定原子命题的
逻辑形式，罗素的这一观点开始受到质疑；罗素作为"感
觉材料"及其特性的简单对象概念已被取消。到 1916 年笔

---

① 弗里德里希·魏斯曼：《论题》，见《维特根斯坦与维也纳学派》，布
莱恩·麦克奎尼斯编，约茨姆·舒尔特译（牛津：布莱克威尔出版社 1979 年
版），第 233 页。

记的最后，维特根斯坦的思想已经转到对上帝、世界、幸福、原罪、自杀、伦理学、美学和人生意义的反思。1917年4月之后在他致朋友英格尔曼的一封信中，第一次出现了语言的界限和不可说的重要性的观点。

那么，我们应该将《逻辑哲学论》解读为思想过程的记录而不是单一的系统哲学观点的阐述吗？该书实质上是一部"天路历程"吗？这样的话，它也就与叔本华的《作为意志和表象的世界》有相应的结构，以同样的方式从关于世界的经验知识到形而上学知识，然后从美学到伦理经验，最终走向苦难解脱之路的不同步骤的哲学沉默。但是，这样的传记性解释仍需要确定维特根斯坦的连续思维阶段是什么，从这一解释角度我们如何看到每个阶段。

将形而上学看作无意义

在《逻辑哲学论》中逻辑原子主义最终证明是有问题的，因为它所折射的概念被证明是伪概念。"世界"也许从语法上看像个名称，《逻辑哲学论》的第一个命题也许像个普通的主谓句。但是，对于这两点，语言的表面形式都是误导的。我们所能够做的只不过是枚举在其总和中描述事实的命题而已，因为"给出所有真的原初命题，就把世界完全地描述了"（TLP，4.26）。另外，对象、事物、实体、复合物、事实、功能、数这些概念全都是"伪概念"，它们的使用导致产生"无意义的伪命题"（TLP，4.1272）。由此得出结论，像"对象构成世界的基质""一个事实是对象联结的存在"及"世界是事实的总和"这些句子都是些伪命题。人们甚至不能有意义地说"存在着对象"或者谈论总和或"所有对象的数量"。《逻辑哲学论》的第一个句子以及后继的句子因而都是哲学的畸形儿。

维特根斯坦对伪概念的关注可以追溯到弗雷格对概念和对象间区别的刻画。弗雷格在1892年的论文中就此论题说道："正如不能要求化学家分析所有物质一样，人们也不能要求对所有东西进行定义。简单的东西不能被分析，对逻辑上简单的东西不能进行真正的定义。"也许是这些吸引了早期的维特根斯坦。按照这一观点，逻辑上简单的东西从来无法一开始就给出，只能通过科学研究获得，他提醒道："定义不可能为逻辑中简单的东西引入名称；只有通过提示来指导读者或听者理解这个词所表达的意思。"[1] 但是，弗雷格并非罗素或维特根斯坦意义上的逻辑原子主义者，他肯定从未将简单对象设想为世界的基质。在刚才所引段落中，他脑海里的简单物倒不如说指的是对象和概念本身。他在论文中继续指出，这两者间的区别实际上"最为重要"[2]。

---

[1] 哥特洛布·弗雷格：《论概念和对象》，见《哥特洛布·弗雷格哲学著作翻译》，彼得·盖奇和曼克斯·布兰克译，第3版（牛津：布莱克威尔出版社1980年版），第42—43页。

[2] 同上书，第54页。

我们可以说，它包含着"逻辑形式"上的区别。"一个概念（如同我对这个词的理解）起谓词作用［这实际上是语法谓词的意义］。另一方面，一个对象的名称，一个专名，绝不能用作语法谓词。"[1] 弗雷格借此特别想指出的是，"对一个概念所说的东西不适用于一个对象"[2]。如果概念和对象是不同的逻辑形式——如果它们属于不同的"范畴"，像我们所区分的那样——那么（按照弗雷格的阐述）不存在有意义地应用于两者的谓词。这当然意味着，两者的区别难以定义，的确也无法描述，而在这个意义上是逻辑上简单的。

可以自然地假定，"X 是一对象"可以有意义地断定对象。但是按照假设，它不能断定概念。每当我们就某物有意义地断定"X 是一对象"时，它是一个对象，这只不过是平凡的事实。这也意味着我们不能使用这一谓词去区分对象和概念。对于谓词"X 是一概念"，情况同样如此。在这种情况下，假定谓词可以被有意义地应用于概念是自然的，但谓词不能被有意义地应用于对象。因而这一谓词也不能被用于刻画概念和对象间的区别，描述这一区别的任何其他打算都将面临相同困难。对于划分最为重要的一个区别，语言在此证明完完全全不可靠。"由于某种语言的必 43

---

① 哥特洛布·弗雷格：《论概念和对象》，见《哥特洛布·弗雷格哲学著作翻译》，彼得·盖奇和曼克斯·布兰克译，第3版（牛津：布莱克威尔出版社1980年版），第43页。

② 同上书，第50页。

然性，我的表达若是完全从字面理解，有时没有准确表达思想。因为当我说到对象时，意谓的却是一个概念。我自己完全清楚，在这样的情况下，就要有赖于读者愿意接受我的观点——而且不遗余力。"①

当罗素在其《数学的原则》中评论弗雷格的工作时，他已经发现这些观念间是存在悖论的，而且完全不可接受。相反他认为，每一项都可以是每一可能谓词的主词。换句话说，他否认概念和对象间有逻辑形式的区别。但是他发现，这很快将导致矛盾。为了避免这些矛盾，罗素被迫将弗雷格对对象和概念的区分重新纳入类型论，按照这一理论，每个实体都属于特定的逻辑类型，而一个概念只能对下一较低类型的实体加以断定。该学说的一个后果是，一个理论不能用与该理论相融的词语加以陈述。这是维特根斯坦 1913 年首次向罗素提及的事情，当时他写道："每种类型理论必定让符号系统的专门理论变得肤浅。"一年以后他对摩尔说，"类型的理论是不可能的"。（NB，第 122 页，第 109 页）维特根斯坦表达的同样思考也隐含于《逻辑哲学论》之中（TLP，3.332）。

尽管他认为弗雷格和罗素没能理解这一点，但维特根斯坦实际上只是重述他们的观点，并使其观点变得激进。

———————

① 哥特洛布·弗雷格：《论概念和对象》，见《哥特洛布·弗雷格哲学著作翻译》，彼得·盖奇和曼克斯·布兰克译，第 3 版（牛津：布莱克威尔出版社 1980 年版），第 54 页。

他在《逻辑哲学论》中关于形式概念所写的——他也称为"伪概念"——事实上与他两个前辈的观念完全一致。从《逻辑哲学论》4.12721 节看这很明显，我们在那里读道："形式概念已与归属其下的一个对象一起被给出了。因此我们不能将一个形式概念的对象与这个形式概念本身都作为原初观念引进。"

这样，形而上学（它不可避免地使用对象和概念这些词语）的错误在于，它使用形式概念，似乎它们是恰当的概念。这一观点的另一说法是，形而上学无法识别范畴区别的内涵，却力图对属于不同逻辑范畴的词项做出全面的陈述——仅就它们属于不同范畴而言。但是，范畴区别只从我们语词的不同功能表现出来。它们无法从属于实质性的理论断言。要打算在其总和中谈论世界，形而上学逼迫我们忽视和绕开范畴区别的边界。这一错误在《逻辑哲学论》的首句中尤为明显："世界是所发生的一切。世界是事实的总和，而非事物的总和。世界是由事实规定的，是由此诸事实即是所有的事实这一点规定的。""一切""总和"和"所有"显示，这些句子力图描述的世界的形而上学图像与我们语言的逻辑相冲突。

逻辑作为世界的镜子　　　　　　44

对罗素和《逻辑哲学论》之前的维特根斯坦来说，形而上学和逻辑是紧密联结着的。他们的原子主义毕竟立足于完全的逻辑思考，他们竭力反对的一元论也是如此。因而维特根斯坦把逻辑看作形而上学的基础便毫不奇怪。但是，随着他对形而上学越来越怀疑，逻辑和形而上学的联结也越来越成问题。放弃形而上学并不意味着放弃逻辑，形而上学和逻辑间松散联结的一个征象可表现于如下断言，即逻辑中不存在明显的数目，"所以没有哲学的一元论、二元论，等等"（TLP，4.128）。这样，大概也不存在逻辑原子主义所意指的那种哲学多元论吧。

当维特根斯坦放弃形而上学可以产生于逻辑这样的观点时，他肯定不会相信逻辑反过来需要形而上学作为基础。相反，他一再认为，"逻辑必须关注自己"（TLP，5.473）。这一陈述事实上标志着维特根斯坦战时笔记的开始，被认为是"极为深刻的重要洞察"（NB，第2页）。在这一段中，维特根斯坦继续将这一洞察与如下思考联结起来，即对于逻辑而言，"关于事物、性质等的整个理论都是肤浅的"（同上）。他抱怨说，弗雷格和罗素在将其逻辑当作关于对象和函项、值阈和类型的理论时是错误的。他进一步洞察的结果是，"每一可能的句子都是合格的"，"每一合格的句子都必定有意义"，"所以对我们来说，它在逻辑上一定不会出错"（同上）。最后，他得出结论说，"哲学的任务"肯定不是罗素和他自己曾经认为的那样。那时他们担心的问题是，是否存在着"主谓词形式的"事实。但是，如果逻辑关注自己，那么"一切需要显示的东西都由主谓词**句子**的存在来显示"（NB，第3页）。换句话说，罗素和维特根斯坦对事实的本体论的关切是无意义的。该段落以重复如下关键断言总结道："逻辑关注自己，我们全部所必须做的是看看它如何关注自己。"（NB，第10页）

但是，要看到这一点是非常困难的。无论如何，《逻辑哲学论》中存在着大量命题，可以帮助我们更接近这一格言的意义。最重要的断言是"逻辑不是一种学说"和它是"超验的"（TLP，6.13）。这里毫无疑问的是维特根斯坦从康德哲学里借用了"超验的"一词。和康德一样，他竭力区分经验的和非经验的；和康德一样，他反对将逻辑看作经验科学、将逻辑真理看作经验类型的高层次概括的任何企图。弗雷格——他也反过来在这点上受到康德的影响——显然也在维特根斯坦的心目中。但是，维特根斯坦 45 比康德和弗雷格走得更远。康德还认为可以构造一种超验的形而上学，作为经验科学的补充和基础，而维特根斯坦则认为超验的东西是不可说的。弗雷格还将逻辑真理认作实质性的，而维特根斯坦则认为它们什么也没有说。所以在维特根斯坦看来，超验的东西不仅在我们可以理论化的东西之外，而且在实质上真实的东西边界之外。

然而，维特根斯坦批判的首要目标是罗素。罗素的类型论将概念和类分层为不同类型，然后进一步构造反映这一类型区别的逻辑记法。《逻辑哲学论》反对说，"一个指号的意谓在逻辑句法中绝不应起任何作用"（TLP，3.33）。
当维特根斯坦不认为有类型区分的需要时，他相信这些区
分一定镶嵌于表达式本身的形式，它们没有必要根据概念、
功能和类别加以说明。换句话说，恰当构造的语言的指号
一定排除了类型混淆的可能性。维特根斯坦以如下思考详
细阐明了这一点，即"任何命题都不可能述及自己，因为
命题指号不可能包含于自身"，他断言这实际上是所谓类型
"理论"最终实际达到的全部东西。（TLP，3.332）

　　他还批判弗雷格和罗素对如下观念的过度依赖，即逻
辑立足于不证自明。正是语言本身必须防止逻辑错误。逻辑
是先验的，不是因为其真理不证自明，而是因为"我们
不能非逻辑地思考"（TLP，5.4731）。弗雷格和罗素的错误
在于假定：逻辑规律有实质性内容，它们陈述某些非常一
般的事实。在维特根斯坦看来，逻辑规律相反只是"重言
式"。从弗里茨·毛特纳借来的这一词语字面上指的是"a
= a"形式的东西，其中同一对象被提及两次，也可以扩展
到诸如命题"a = b"和"b = a"，它们相等是因为它们实
际上将同样的东西说了两遍。按照维特根斯坦的观点，所
有逻辑真理实质上都是同一种类。早在 1913 年，他就向罗
素写道："所有逻辑命题都是重言式的概括。"（NB，第 128
页）因此，它们不是事实的图像。它们不呈现可能的事态，
因为它们容许"每一可能的事态"。在重言式中，"与世界
相符合的条件——表现关系——互相抵消，因而它对实在

没有表现任何关系"（TLP，4.462）。重言式事实上是"符号组合的有限情况"，它们是我们符号记法空洞的副产品。维特根斯坦在《逻辑哲学论》中成功地论证命题逻辑的真理，但他要将其论点变成普遍而存在的命题的逻辑则相当困难。集合论甚至更加抵制这样的还原处理。维特根斯坦解决这一问题的办法是断然宣布类型论"完全是多余的"（TLP，6.031）。弗雷格和罗素力图表明算术——或者一般而言数学——由逻辑真理组成，现在却不得不变成重言式，按照维特根斯坦的观点，数学只是"一种逻辑方法"，因而其方程式是"似是而非的命题"而不是重言式。（TLP，6.2）

    46

    逻辑必须关注这一原则隐于所有这些断言之后。其最终最富挑战性的意蕴是，不可能有关于逻辑的理论化，不可能有真理理论，更一般而言，不可能有关于我们语言的逻辑句法和语义学。这是富于挑战和充满争议的断言。即使在其他方面称赞维特根斯坦完成了"非常困难而重要的工作"的罗素也发觉这是可疑的。在《逻辑哲学论》导言中，他同意维特根斯坦，认为每种语言都有一个结构，"在该语言中，不可能谈论这一结构"。但是，他继续论证说，"也许有处理这第一种语言结构的另一种语言，而后者本身又有一种新的结构，对于语言的这类等级来说，可能没有尽头"（TLP，第23页）。罗素从未详细阐述这一建议，把它留给了阿尔弗雷德·塔尔斯基。但是，他清楚为什么维特根斯坦无论如何不接受他的提议，因为维特根斯坦相信自己关心的是语言的总体——"我所理解的那种语言"（TLP，5.62）——而不仅仅关心这一总体的一个层级。罗素总结说："唯一的反驳是，否认存在着任何这样的总体。"（TLP，第23页）

自我、主体、我

维特根斯坦对形而上学的态度始终保持敌对，即使在他放弃了《逻辑哲学论》中所提出的特定反对意见之后。后来他告诉自己的学生，有关形而上学的问题是这样的事实，即哲学家们迷信科学方法，不停地力图模仿它："这一趋势是形而上学的真正根源，将哲学家引向完全的黑暗。"（BB，第18页）再往后，他反对以不恰当的方式使用日常语言表达形而上学的命题。"当哲学家使用一个语词……并试图抓住事情的本质时，我们必须不断问自己：这个语词在语言里——语言是语词的家——实际上是这么用的吗？"而他看到自己现在的任务是将语词"从形而上学的用法重新带回到日常用法"（PI，第116页）。

维特根斯坦对逻辑的态度也起了变化。他继续反对将逻辑当作一门科学的想法，不再将它看作世界的超验镜子。他反而质疑逻辑是"某种崇高的东西"的假定（PI，第89页），将"逻辑的晶体般纯粹"的观点只当作一种要求。

（PI，第 107 页）按照后来的观点，"逻辑哲学谈到句子和语词，和我们日常谈到句子和语词，意思没有什么两样"（PI，第 108 页）。这显然意味着比《逻辑哲学论》所依赖的逻辑更为宽泛、不那么正式、更为灵活的逻辑概念。其结果是，对他来说，现在甚至有可替换的逻辑种类和可替换的算术形式。（OC，第 375 页）

47

当然，所有这些思考都与理解我们的社会政治生活有关。社会政治生活的概念频繁地诉诸某一或另一形而上学观点来加以证明。如果维特根斯坦是对的，那么这类诉求并没什么实际效果。它们只不过被认为是强化了的社会政治态度的重述，是往往被用于社会政治斗争的夸张性工具。维特根斯坦关于逻辑的观点还与我们必须思考社会政治事务的方式有关。《逻辑哲学论》仍坚持古典观点，即存在着优先于科学的、具有绝对的无条件的有效的一种逻辑，而后期的逻辑哲学既颠覆了对科学话语预设的优先性，也颠覆了人类理性有单一的、无条件的形式的信念。

具有潜在的同等重要性的是维特根斯坦对人类自我、主体和我的考察——当然这是哲学家出于对形而上学和伦理内容都极为感兴趣的论题。自我的实证概念与笛卡尔、康德和罗素提出的概念拉开了距离，相反的是，与叔本华和恩斯特·马赫主张的自我的解构概念相一致，他无条件地断定"不存在能思维的、能表征的主体"（TLP，5.631）。他的断言是，这样的自我必然有不相容的特性。一方面，它一定是简单的实体，因为"一个复合的灵魂就不复是一个灵魂了"（TLP，5.5421）。另一方面，它还必须是复杂的，以便于能够再现或思考任何东西（这里的预设条件是只有一个复合物能表征另一复合物）。

维特根斯坦就这一论题所写的东西涉及他对哲学心理学可能性的更广泛关切。在剑桥的早些时候，他实际上已经开展了某些心理学实验。但是，在《逻辑哲学论》中，他将经验心理学抛在一边，认为它并不比其他任何自然科学对哲学更有益。（TLP，4.1121）同时他转而反对任何形式的哲学心理学。他尤其指责知识论——传统哲学的一个领域，将其仅仅贬低为"心理学哲学"。大多数指责是针对罗素的，维特根斯坦首次出现在剑桥时，后者当时正着手创作一本关于知识论的著作。维特根斯坦的批评使罗素如此颓丧，以至于他最终失望地放弃了写作。罗素将自我或我当作理解知觉和思想的必要条件，维特根斯坦对这一假设尤为不安。在罗素看来，必定存在着拥有感觉材料的我以及在思想中将命题要素结合起来的我。罗素得出这一结论基于如下思想，即命题并非真正的统一体，只有通过持有命题的某个心灵，一个命题的要素才能黏合起来。另一方面，与弗雷格一致，维特根斯坦倾向于将命题看作一个统一体，它不依赖于思考或判断主体。一个命题实质上得到了清楚表达，这样它就"不是语词的混合物"（TLP，3.141）。宁可说在命题中，存在着记号之间的"关联"。

"唯独在一个命题的关联中，一个名字才具有意谓。"（TLP，3.3）

但是，为什么维特根斯坦对不存在主体这样的东西如此自信？他在《逻辑哲学论》中并不总是论证这一断言，尽管他实际上尽力提供支持这一点的埋由。（TLP，5.54—5.55）然而，即便如此，他的论证也高度凝缩，很难被人理解。论证开始于大胆的断言，即"命题只是作为真值运算的根据才出现在其他命题中"（TLP，5.54）。换句话说，一个复合命题的真假完全由其子命题的真假决定。正如维特根斯坦在《逻辑哲学论》前半部分指出的："与基本命题的真值可能性一致和不一致的表达式表达着命题的真值条件。"（TLP，4.431）他在这一段赞赏弗雷格的这一洞察，而这一推论之所以有用，是因为它将我们吸引到弗雷格概念文字的真值函项逻辑。

弗雷格在那项工作中已表明，否定命题、合取命题、析取命题甚至假言命题的真值条件如何能依据其组成部分的真值条件加以解释，他将这一说明甚至扩展到普遍命题和存在命题。弗雷格从这点得出结论：真理概念对逻辑来说是根本的，而逻辑关心的是展开真理概念。这是维特根斯坦最同意罗素观点的地方。在 1913 年他交给罗素的笔记中，他将命题的"两极性"（其为真为假的资格）看作对逻辑来说根本的东西。他在《逻辑哲学论》中说："命题确定现实到如此程度，人们对它只需要说'是'或'否'，使它与现实一致。为此现实必须被命题完全地描述。"（TLP，4.023）但是，维特根斯坦打算超越弗雷格，而坚持认为命题间的所有逻辑关系都具有真值函项。

尽管他也不得不承认，"乍一看，一个命题似乎也能以其他方式出现在另一个命题中"（TLP，5.541）。他尤其同意"在心理学中命题的某些形式"似乎与他的论点矛盾。试分析"A 相信 P"形式的任何命题，其中"A"旨在代表思考和相信的一个主体，"P"代表一个命题。这一命题的真假肯定独立于"P"的真假。对这一情况的最直接反应当然是放弃真值函项论题或者限制其有效范围。事实上后者正是弗雷格遵循的推理线路。他曾认为，复合命题"约翰相信 P"的真假不是 P 真假的函项，而是他所谓命题 P 的意义的函项。如果 P 表达的思想是"天在下雨"，那么"约翰相信 P"便是对的，如果约翰怀有这一想法的话。但是，这要求对一个命题的含义和指称加以区分，而维特根斯坦并不打算做这种区分。相反，他认为明显的反例必须根据真值函项论题来分析。为了坚持这一点，人们必须区分命题的显现形式和真正形式。这与他更早的思考是一致的："语言掩盖思想，而且掩盖得使人不可能根据衣服的外表形式推知被掩盖的思想的形式。"（TLP，4.002）在讨论真值函项论题的明显反例时，他将"如果它们在表面上看来"这类命题与其真正的逻辑形式加以对比。（TLP，5.541 和 5.542）他承认，从表面上看，命题"A 认为 P 正是如此"

与"似乎命题 P 与对象 A 处于某类关系"（TLP，5.541）
相像。但是，实际上这并非其真正的逻辑形式。

维特根斯坦在这点上转向对罗素认识论的批判。罗素
赞同的那种"现代的知识论"用这些命题的表面现象展示
其真正的逻辑形式。（TLP，5.541）这样的理论化受到无处
不在的哲学瑕疵的污损，因为"哲学家的问题和命题大多
是基于我们不了解我们语言的逻辑"（TLP，4.003）。与罗
素不同，维特根斯坦认为显然"'A 相信 P'和'A 说 P'
都是'"P"说"P"'形式"（TLP，5.542）。为了理解这
一评论，我们必须注意："'P'说'P'"表达命题"P"和
情况"P"之间的关系。但是，是什么关系呢？维特根斯坦
在《逻辑哲学论》的其他地方刻画道："这个命题表现某某
事况。"（TLP，4.031）他还指出，为了使命题"P"完成
这一表现任务，它必须有某一结构。"命题只是在逻辑上清
晰有节的，才是事况的图像。"（TLP，4.032）事实上，命
题和事况必须某种程度上相互对等。"在一个命题中，必须
有和它所表现的情况正好一样多可加区别的部分。两者必
须具有相同的逻辑的（数学的）复多性。"（TLP，4.04）
在维特根斯坦看来，清晰有节的命题本身便是一个事实，
即诸成分在其中像链子一样链接起来。（TLP，3.14）于是
在他看来，句子"'P'说'P'"表达了一个事实（即命
题）和具有同样逻辑复合性的一个事况间的关系。正如他
在所讨论的段落指出的，句子"并不涉及一个事实和一个

对象的相互配置，而是关于一些事实由于其对象的配置而成的配置的"（TLP，5.542）。

就维特根斯坦所关心的而言，这一分析导致两点结论。第一个结论是，命题的统一体不能在罗素所假设的思维主体中寻找。罗素的说明不能令人满意，尤其因为它无法解释为什么只有语词的某些连接构成命题。用维特根斯坦的话说，"对'A 判断 P'这个命题的形式的正确说明必须指出，一个主体判断一个子虚乌有的东西是不可能的（罗素的理论没有满足这个条件）"（TLP，5.5422）。因为在罗素看来，命题的统一体是由将命题的各个成分结合起来的主体造成的，"喝""吃""快乐"诸成分应该在恰当条件下构成一个有意义的命题的内容，它们显然还不是。

维特根斯坦的第二个结论是，主体不能像笛卡尔说的那样被看成简单的和表征的，如思考、相信、判断等。从笛卡尔经由莱布尼茨到罗素的经典的现代传统所一贯坚持的这两个特征实际上是不相容的。为了使某 A 表征事态 B，A 必须与 B 具有同样的复杂性。带着这一看法，维特根斯坦砍断了关于主体的现代概念的"戈尔迪之结"。但是，对维特根斯坦来说，认为思维主体复杂和认为思维主体简单这两个方案一样荒谬。因为一个表征的、思维的主体可以既不简单也不复合，维特根斯坦从自身观察总结说："灵魂乃是一个子虚乌有的存在。"（TLP，5.5421）

这很难被称为证据，因为灵魂不能是复合的这一前提并未得到论证。维特根斯坦是否旨在给出证据，实际上并不明显。当他说"这也表明灵魂乃是一个子虚乌有"时，我们不需要将"表明"一词理解为与"证明"有相同含义；相反，我们可以把这句看作：他所说的只是再次指明灵魂乃是一个子虚乌有。这样的解读符合他将相信灵魂归于"如今肤浅的心理学"这一事实。而这一"心理学"——我们这里字面上想将它解释为关于心理的理论，即关于灵魂或主体的理论——被看作与哲学无关，已在前面排除掉了。

　　但是，得出这一结论后，维特根斯坦现在令人惊异地补充说，无论如何存在着一个"形而上学主体""一个哲学的我"作为"界限——而非世界的一部分"（TLP，5.641）。他将对形而上学自我的这一承诺与一种唯我论联系起来，因为"世界与人生是一回事"（TLP，5.621）。因此他还总结说："我是我的世界。"（TLP，5.63）这些表述回响着叔本华《作为意志和表象的世界》中可以发现的思想。它们也刻画着魏宁格《性别与性格》的观点，它可以看作影响维特根斯坦的另一本哲学著作。维特根斯坦对这一特定学说的论证来自如下观察，即"世界"的特征只在语言中也只通过语言显现自身。但是，这一语言只是我的语言。所以，这一世界最终证明是我的世界。在这种语境下，维特根斯坦想象一本标题为"我所看到的世界"的书，他继续说，在这本书中我们也许谈论世界的每样东西，但一点不提及思维的主体。"这就是使主体离析出来的一种方

法，或者更确切地说，是指主体在一个重要的意义上并不
存在的方法。"（TLP，5.631）当然，关键的一点是，所说
51　的这本书涉及"我所发现的"世界，所以这个"我"在这
里只是作为"形而上学主体"重新出现，但它"不是人，
不是人的身体或者人的灵魂"，而仅仅是世界的界限。

　　但是，即使当他做出这些声明时，维特根斯坦也完全
知道它们的可疑。它们在《逻辑哲学论》中显然属于无意
义的话语。这当然是出于多种理由。其中第一个是，谈论
形而上学主体要求我们谈论"世界"——我们早已将它认
作伪概念。于是，关于形而上学主体我们想说的每样东西
最终不可避免地证明是伪命题。维特根斯坦总结说"唯我
论在多大程度上是一个真理的问题的关键"（正如我已引证
的），"唯我论的命意是完全正确的，只是它不可说，而是
显示出来"（TLP，5.62）。这里他似乎接近这样的学说，即
存在着不可说的真理。但是，应该注意到：维特根斯坦并
没说将唯我论显示为真理是什么。这一"真理"可能本质
上毕竟不是命题，倒不如说是镶嵌在我们语言实践中的
东西。

　　也许可以将所有这些都当作"形而上学的无意义"排
除掉。但是，还是留下一个问题，与其问为什么维特根斯
坦迫切地感觉到要以这样的格言方式说出这一无意义，我
们倒不如问问什么迫使他做出这些特定断言。答案也许可
以在如下句子中找到："世界是我的世界，这一点就显示于

语言（唯一能为我所理解的那种语言）的界限意味着我的世界的界限这一事实。"（TLP，5.62）这表明，全部都可以归结到一个问题，即在何种意义上我知道的语言是我的语言。这并不是《逻辑哲学论》的作者维特根斯坦有个完整答案，因为该书在大多数情况下把语言当作指号完全相同的一种结构。我们一点也感觉不到谁说这一语言，它来自什么地方，如何习得它，它如何被使用，在人际交流中如何使用它。可以说《逻辑哲学论》的语言悬于真空。维特根斯坦在《逻辑哲学论》中对唯我论的评论最终也许最好理解为一种表达，表达他在这一时期还没有能力懂得我们语言的现实。在维特根斯坦自己认识到这一点之前还将有很长时间。

伦理学

《逻辑哲学论》的第一个命题，断言世界就是所发生的一切，有着重要的哲学后果。最重要的一点是，价值从世界中被排除掉。换句话说，在维特根斯坦看来，世界是"赤裸的"事实总和。"在世界中一切都如其所是地是，一切都如其发生地发生。在世界中不存在任何价值……"（TLP，6.41）事实和价值的分离当然不是维特根斯坦的发明。新康德主义者和实证主义哲学家都在他之前断定过。前者将价值看作超验的，而后者将价值仅仅看作客观事实　52

的主观色彩。《逻辑哲学论》的作者维特根斯坦在这一点上
似乎更接近新康德主义者而不是实证主义者。在他看来，
"世界的意义必在世界之外"（TLP，6.41），而且"伦理是
超验的"（TLP，6.421）。但是，他在这点上比新康德主义
者得出更彻底的结论。后者认为，事实上价值的区分为不
同于经验科学的哲学价值论扫清了道路，它为哲学的价值
科学开拓了空间。维特根斯坦可没有这样的幻想，他以坚
决反新康德主义的精神写道："哲学的真正方法实际上是这
样的：除了可说的东西，即自然科学的命题，亦即与哲学
无关的东西之外，不说任何东西。"（TLP，6.53）但是，这
并不意味着去除了伦理和价值的问题。而在他看来，不存
在有关这些问题的哲学理论或哲学科学。他在一封信函中
写道："我的著作由两部分组成：这里写出的部分和我还不
曾写出的部分。正是这第二部分才是重要的部分。因为伦
理的东西从内部划界，就像我的著作所做的那样，而且我
确信，严格说来，它只能以这种方式划界。"① 后来他还宣
布："我只能用比喻来描述我的感觉，就是说，如果有人可
以写一本关于伦理学的书，而这个伦理学本身实际上也是
一本关于伦理学的书，那么这前一本书就会爆炸性地破坏
世界上的其他所有著作。"（LE，第40页）

_____

① 路德维希·维特根斯坦：《致路德维希·冯·费克尔的信件》，布鲁斯·格莱特译，见《维特根斯坦：原始资料和视角》，C. G. 鲁克哈特编（纽约伊萨卡：康奈尔大学出版社1979年版），第94—95页。

《逻辑哲学论》不仅拒绝谈论价值，而且对其他人类事务也保持沉默，如艺术、文化和历史，它当然一点也没有告诉我们维特根斯坦写作此书时的时代忧患：第一次世界大战的血腥和屠杀，维特根斯坦自己经历的疯狂和苦难，他所见证的整个历史秩序的坍塌。这些都有意识地抹掉了。经历了同样环境的赫尔曼·布洛赫最终得出结论说，世界没有逻辑。① 对此，维特根斯坦却坚持相反的信念。在所有的疯狂背后，他仍然能察觉到巴门尼德、柏拉图、莱布尼茨和罗素在他之前所发现的关于世界的同样逻辑。他在笔记中说："有知识的生活是不管世界多悲惨仍然幸福的生活。"（NB，第81页）

可说的东西有界限，这一发现如何影响了形而上学、逻辑学和心理学，毫无疑问这是维特根斯坦的兴趣所在。但是，对他来说，语言界限问题获得其最终的存在重要性只是当他转向伦理学、美学以及关心人生的意义和神秘的东西时。这些的确是《逻辑哲学论》最后几页中突然间谈论的话题。"显然，伦理学是不可说的……伦理和美学是一个东西……在人生问题的消解中看到了它的解决……的确有不可说的东西。它显示自己，它是神秘的东西。"（TLP，6.421、6.521、6.522）但是，将《逻辑哲学论》简化到伦

---

① 赫尔曼·布洛赫：《梦游》（法兰克福：舒尔卡姆普出版社1978年版）。

理著作的地位也是错误的。我们需要同等地严肃看待维特根斯坦在该书中关于形而上学、逻辑学、心理学和其他哲学问题所说的话。然而，鉴于发现有意义的语言是有界限的，该书的最终落脚点显然在伦理问题和人生意义问题。

维特根斯坦究竟感到这一问题有多重要，从他 1929 年在剑桥发表的"关于伦理学的讲演"可以看得一清二楚，讲演虽在《逻辑哲学论》完成十年后，但仍深受它的影响。他在这一讲演中说，他想和他的听众谈论"我愿意与你们交流的内容"（LE，第 39 页）。他的观点是"所有曾打算讨论伦理学或宗教的人的趋向都是在冲撞语言的界限"，这一"对我们围墙的冲撞绝对是无望的"，而伦理学"出自想要谈论人生的终极意义、绝对的善、绝对的价值，这种伦理学不可能是科学"（LE，第 44 页）。为了使听众对这一思想的蕴涵留下印象，他补充说："我们像在科学中那样使用的语词，只能是包含和传递自然的意义和意思的工具。如果真的有伦理学这种东西，那么它就是超自然的东西，而我们的语词只能表达事实。"（LE，第 40 页）

他的"关于伦理学的讲演"要明确，他所理解的伦理思想并不在于提出行为的规范性原理。它并不涉及各种特定的固定方案间的选择，而是涉及有关善的全面观点。就此而言，他仍然是叔本华的忠实信徒，后者曾就哲学的志向写道，"从成熟的洞察看，变得实用、指导行为、转变性格，都是必须最终放弃的古老承诺。因为这里对于值得生存还是不值得生存，拯救还是下地狱起决定作用的不是僵死的哲学概念，而是人本身最内在的本性、指导他的精灵"①。叔本华的批判指向康德的范畴律令。他当然也有自己特定的伦理观点，相信所有的生命都带有苦难，每个存在物尤其有感情的存在物——人类或动物——值得同情，救赎只能通过克服我们内在的生命意志和权力意志达到。这些观点也许有实际意义，但它们不是得自某一规范原则（它不可避免地包括意志的确证而不是意志的超越），而是得自关于世界状况的明确看法。我们可以说，叔本华的伦理学实质上是富于远见的而不是规范的。②

这一点也适用于谈论维特根斯坦伦理学。他显然并不涉及道德原则，诸如摩西十诫、黄金法则、康德的道德律令。所有这些规则当然是完全由语言表达的，它也不涉及像职责和道义这类概念。在第一次世界大战中维特根斯坦保留的私人笔记中，我们发现典型的条目："我仍然不知道如何尽我的职责，因为它是我的职责，而为了精神生活我要保持完整的人。"换句话说，职责仅仅是外部的东西，而伦理学强调的是人类精神的内在生命。伦理学并不涉及康德意义上的自由意志。相反，我们不得不承认"作为现象 54

---

① 阿瑟·叔本华：《作为意志和表象的世界》，E. F. J. 佩恩译（纽约：多佛尔出版公司1969年版），第1卷，第271页。

② 关于伦理学视角这一论题，见 R. W. 海普布姆和伊利斯·默多克《道德中的视角和选择》，增补第30卷，亚里士多德学会，1956年。

的意志只有心理学才关注"（TLP，6.423）。维特根斯坦在私人笔记本中就紧迫的问题再次阐述以提醒自己："我可能在一小时死去，我可能在两小时死去，我可能在一月或只在几年内死去。"（GT，第28页）时时刻刻在炮火下活着，他强烈地意识到他也许没有什么前程。他总结说："人不应该依靠偶然，既不依靠喜事也不依靠悲事。"（GT，第27页）他的问题由此变为："我要如何生活，以便于坚持分分秒秒。要在善和美中生活，直到生命自行了结。"（同上）在这一处境中他得到的命令只能是"不要焦虑"（同上）及"快乐地生活"（NB，第78页）。这里"快乐地生活"意味着与世界、与世界的事实和谐相处。

在"关于伦理学的讲演"中，维特根斯坦指出，伦理学关切的确实是幸福生活问题，或者如我们所说的人生意义问题。这些问题不可能以科学的形式获得答案。他继续阐述人们如何看待人生意义。他说，他自己最出色的伦理体验是"世界的存在多么奇特"的体验，但也有过无论发生什么事都"感到绝对安全"的体验。（LE，第41页）最后，有过"感到有罪"的体验，不是因为人们做过的任何事情，而是面对上帝时绝对的、存在上的有罪。（LE，第42页）维特根斯坦承认，从科学上看，这些体验的语词表达都是无意义的。但是，他总结说，我们想把它们诉诸文字的热情最终都指向某个极为重要的东西。

在评论马丁·海德格尔的《存在与时间》时，维特根斯坦告诉维也纳学派的成员，他的确能想象出海德格尔借用存在和焦虑所意指的东西：

> 人类有碰撞语言界限的冲动。比如，你惊讶地想到：有某种东西存在。这种惊奇无法以问题的形式表达出来，也不存在答案。我们可以说的一切只能先验便是无意义的。即便如此，我们仍碰撞语言的界限。这种撞击也被克尔凯郭尔看到，他甚至给予相似的名称（碰撞悖论）。对语言界限的这一碰撞便是伦理学。①

这一评论又回到了《逻辑哲学论》及其相关的不可说者。构成这部著作很大一部分内容的是关于形而上学和逻辑学的陈述，必须理解为涉及类似对语言界限的碰撞。如此一来，这些陈述必然无效，但它们无效这一点需要澄清。维特根斯坦在《逻辑哲学论》的最后写道："我的命题通过以下方式进行阐释：凡是理解我的人，当他借助这些命题，攀登上去并越过它们时，最后会认识到它们是无意义的（可以说，在爬上梯子之后，他必须扔掉梯子）。"（TLP，6.54）。可见，无意义的命题仍有一种目的，它们需要对可 55 说和不可说的东西予以澄清。尽管它们字面上无意义，但我们必须严肃对待它们所指向的东西。维特根斯坦后来还将这相同的态度指向宗教陈述——尽管对它们饱含深深的

---

① 布莱恩·麦克奎尼斯编，约茨姆·舒尔特译：《维特根斯坦与维也纳学派》，布莱克威尔出版社 1979 年版，第 68 页。

敬意，但最终将它们只看作澄清而不是教条的真理。

我必须强调两点后果。第一，这些思考有助于阐明维特根斯坦在《逻辑哲学论》中说某些东西显示自己却不可说时所意谓的内容。一些读者把这点看作意指他在谈论我们的语词时无法向我们表达的真理。但是，从他对伦理学的评论看，显然显示自己的东西不是不可说的真理，而是我们可以解决或无法解决的我们生存意义上的某些人生实践。最终清楚人生意义的那些人也无法说清这一意义是什么，因为对他们来说的确没有什么要说的。形而上学和逻辑学也是相同道理。当我们力图说形而上学的某个东西或者力图说关于逻辑的某个东西时，我们只是指向我们发现似乎合理和可以说的一些方式而已。我们在指向人生的实践，而不是隐藏的真理。

第二个后果涉及维特根斯坦本人。得出《逻辑哲学论》的结论后，他很难再转向正常的学术生涯。相反，他变成了修道院园丁、小学教师和建筑师。即使当他 10 年后返回剑桥，他也发现难以将自己融入学术圈。在余生中，他都为一种深刻的道德律令所驱动，这也许从《逻辑哲学论》最后一句话中找到最恰当的表达："凡是不可说的东西，必须对之沉默。"

第四章 语言游戏的惊人多样性

　　维特根斯坦的《蓝皮书》显示他距离 15 年前完成的《逻辑哲学论》究竟有多远。他现在放弃了早期有关语言、逻辑乃至哲学本身的许多假设，他在工作的同时发展出了大量令人惊奇的新思想。《蓝皮书》的确是维特根斯坦最有原创性的成果之一，因而值得将它与《逻辑哲学论》和《哲学研究》并列起来。

　　该工作中有两点值得关注。第一点，维特根斯坦比以往任何时候都同意毛特纳当作语言批判的哲学概念。如果这一批判在方法论上不同于《逻辑哲学论》的批判，那是因为关于语言的新思维现在也更接近毛特纳而不是弗雷格或罗素。维特根斯坦不想再用人工记号的标准去检测日常语言。我们读到："在哲学中我们将理想语言看作与日常语言对立的语言，这样说是错误的。因为这样说好像我们可以改进日常语言似的。但是，日常语言没什么错。"（BB，第 28 页）正如在《逻辑哲学论》中，在他看来对语言的研究本身绝不是终点。相反，他确信哲学家们只需要"处理有关语言的某些关节点，它们导致或容易导致一定的哲学困惑或错误"①。

　　《蓝皮书》中需要注意的第二点是维特根斯坦从《逻辑哲学论》中对伦理和存在方面的关注中退出。伦理学不是《蓝皮书》的主题。这并不意味着他放弃了导致他写作那部早期著作最后几页时的道德严肃性。但是，凡是以前以大量篇幅解说的关于伦理学中我们不可说的地方，《逻辑哲学论》（及此后）的维特根斯坦似乎决定去实践这一根本结论。然而，他并未忘记从其关于伦理的著作中所获得的教

58　益。在"关于伦理学的讲演"中，他竭力表明，人生意义只将自己显示于人生实践。到 1933 年，他将这一教益应用于以前认为的显示自身而不可说的一切东西（不管是在形而上学、逻辑学，还是在心理学中）。他现在承认，显示自身的东西并不是必须神秘地保持沉默的真理，显示自身的东西宁可说呈现于我们的实践和行为，显示自身的东西尤其是我们在其中使用和误用语言的方式。

意义作为用法而存在

　　1929 年维特根斯坦返回剑桥时带着对《逻辑哲学论》逻辑的些许担心。他先是认为可以很快解决那些问题，然

---

　　① G. E. 摩尔：《维特根斯坦 1930—1933 年讲演》，见《哲学文集》（伦敦：阿兰和尤文出版社 1959 年版），第 324 页。

后永远告别哲学。但是，到 1933 年，他的工作迫使他放弃《逻辑哲学论》的大部分思想，而采用实质上新的语言观。这正是他在《蓝皮书》中想交代的东西。

与《逻辑哲学论》的教条式断言不同，《蓝皮书》很有特点地以一个问题开始："什么是一个词的意义？"隐藏在这一听起来古怪的问题后面的是对《逻辑哲学论》整个意义概念的怀疑。维特根斯坦进而提议，我们可以用我们如何说明一个词的意义代替这一问题。然后我们发现这样的说明以非常不同的方式出现，这显然很容易让我们明白词以不同的方式拥有意义。在《逻辑哲学论》中，他坚持认为，我们的命题全都可以最终分析为"名称"，而这些名称通过代表"对象"而具有意义。与这一过分简单化的观点相反，他现在认为，"如果我们要给任何构成符号生命的东西命名，我们便必须说那种东西是其用法"（BB，第 4 页）。他宣布，寻找一个符号的用法，"仿佛把用法看作一个与符号共存的事物"是错误的。符号和由符号组成的句子宁可说"从符号系统中，从它们所属的语言系统中"获得自己的重要性；我们的句子只"作为语言系统的一部分"才具有生命。（BB，第 5 页）

这些评论被广泛看作表达了一种"意义的用法的理论"，与《逻辑哲学论》设定的"图像理论"形成对比。显然，《蓝皮书》的作者维特根斯坦还没有完全超越《逻辑哲学论》的系统而打算提出一种意义理论。意义就是用法这一公式实际上还没有告诉我们实质性的理论，因为维特根斯坦的用法概念还是多层的、开放的和不确定的。我们甚至可以说该公式实际上是个重言式。当然，如果"意义"指的是用法，如维特根斯坦所提议的，那么"意义就是用法"这一公式只意指"用法就是用法"。这是明显的重言式，而不是实质性的理论。总而言之，关于语言还是说了一些新东西。当我们考察维特根斯坦解决驱使他1929年返回哲学问题的方式时，我们便看得很清楚。

59　　　　　　　　　　语言游戏

　　这一问题是《逻辑哲学论》逻辑原子主义的特定结果。他在该书中论证说，每个原子事实上必须逻辑上独立于任何其他原子事实。我们可以用语言学词语重新解释这一问题。如果A和B都是基本命题，即描述原子事实的命题，那么A的真假将独立于B的真假。例如，如果一方面A蕴涵B，那么至少这两个命题之一将不是基本的。于是，"A和B"蕴涵"B"，而"B"蕴涵"A或B"只因为"A和B"及"A或B"是逻辑上的复合命题。但是，现在试分析命题"A是红的"和"A是绿的"。它们并不显现为逻辑上复合，以目前形式肯定不包含任何逻辑连接词——逻辑复合的常用记号。然而，它们也不能同时为真，如果我们打算同一时刻说A既是红的也是绿的的话。在《逻辑哲学论》

中，维特根斯坦曾得出结论，颜色命题由此不能是基本问题，他借助于光波的物理理论竭力说明这一点。但是，到1929年，他终于看到这是错误答案，现在不再看作对问题的根本不同解决。12月，他告诉维也纳学派成员：

> 我曾写道："一个命题就像是对现实颁布（设定）的尺度。只有标尺的最后刻度才实际地触及测量的对象。"现在我更愿意说，一个命题的系统像是对现实颁布的尺度……比如，如果我说，视觉空间的这点或那点是蓝色的，那么我不仅知道如此，而且知道这点不是绿色的，不是红色的，不是黄色的，等等。我一次便设定了使用颜色的整个刻度……在撰写我的著作时，我还没有认识到所有这一切。[1]

维特根斯坦以后的岁月一直对这一思考着迷。他一再回过头来研究有关颜色的语言。为什么我们说可以有深红，却不可以说有深白？为什么不存在红的绿色，或蓝的橙色，或黄的紫色？在他生命最后两年的笔记中，他写道："我们不是想建立有关颜色的理论（既不是生理学的也不是心理学的），而是确立颜色概念的逻辑。这却导致人们往往不恰当地期待的理论。"（RC，第22页）另外，除了颜色命题，还存在着其他此类命题系统。所以，他指出，数字命题也

---

① 布莱恩·麦克奎尼斯编，约茨姆·舒尔特译：《维特根斯坦与维也纳学派》，布莱克威尔出版社1979年版，第63页。

构成它们自己的系统。例如，"桌子上（正好）有三本书"意味着桌子上不是一本或两本或四本或五本书。反过来说，这一系统逻辑上独立于颜色命题系统。桌子上有三本书，一点没有告诉我们它们的颜色，桌子上有红色书也一点没 60 有告诉我们它们的数量。我们所谓的语言正是以这种方式由多样的命题系统组成，或者正如维特根斯坦在《蓝皮书》中说的，由多样的语言游戏组成。他引入这一词语时解释道："对语言游戏的研究是对语言的原始形式或原始语言的研究……语言游戏是儿童开始使用语言时的语言形式。"（BB，第17页）稍后他便指出，语言游戏并不是语言的不完全部分，而是"自身完整的语言"，它们是"人类交流的完整系统"。他对此说道："我们关于成人语言所具有的图像是一大块模糊的语言，即母语的图像，环绕着小心的、轮廓鲜明的语言游戏，即专门语言。"（BB，第81页）更后面他终于谈论到"一切日常语言游戏的超乎言表的多样性"（PI，第224页）。在这些语言游戏中，他列举了下达命令和服从命令；按照外观描述一个对象或者对它加以测量；报道一个事件，对这个事件做出推测；编故事并讲故事；猜谜；把一种语言翻译成另一种语言；询问、感谢、责骂、问候、祈祷。（PI，第23页）

对维特根斯坦来说，"语言游戏"一词相比"系统"一词有两个优点。第一，它表明语言应该理解为一种活动。他后来写道，语言游戏由"在时间中反复出现的游戏行为"

构成。（OC，第519页）这样，它们就是动态的，会随时间而变化。（OC，第256，336页）与《逻辑哲学论》所采用的把语言当作形式结构的方式相反，维特根斯坦现在追问儿童如何学会玩语言游戏。"孩子们学会的不是知道书存在、椅子存在以及其他的，而是学会拿书，坐在椅子上等。到了后来，自然会出现关于事物存在的问题。"（OC，第476页）"语言游戏"一词还建议，这些活动和其他活动一样由规则支配着，各种语言游戏由特定的规则进行明确区分，这并不意味着规则到处都以同样方式在起作用。当有些游戏如下棋有明确规则时，另一些游戏如扔球则没有。当我们把语言看作"精确演算中使用的系统"时，占据我们内心的是科学和数学中所使用的语言。但是，"我们语言的日常使用只在很少场合与这一精确标准一致"（BB，第25页）。将所产生的语言图像压缩成一个比喻，维特根斯坦后来写道："我们的认识是，我们称为'句子''语言'的东西不具有前面想象的形式上的统一，而是或多或少具有亲缘的家族。"（PI，第108页）于是通过类比："我们的语言可以被看作一座老城，错综的小巷和广场，新旧房舍，以及在不同时期增建改建过的房舍。这座老城四周是一个个新城区，街道笔直规则，房舍整齐划一。"（PI，第18页）

《逻辑哲学论》借助于逻辑力图表明，语言是个统一体，在其多样的表层下有着单一的底层结构，但《蓝皮书》

61　和《哲学研究》的维特根斯坦却是彻底的多元论者。从长远看这一转变有重要影响，因为维特根斯坦还将语言和我们的整个生活形式联结起来。语言的多元特征由此直接与人类文化、社会历史、宗教、科学和哲学有关，与我们看待自己和他人的方式有关。换句话说，由此可知，人的条件从各方面看实质上都是多元的。在《哲学研究》中，他以挑逗性的公式得出结论："须得接受下来的东西，给定的东西——可以说——是生活形式。"（PI，第 226 页）

　　我们不可以将人类设想为统一于单一的生活形式，说着单一的统一语言，由此参加单一的语言游戏？维特根斯坦允许这种可能性，但他清楚这样的生活形式将是贫瘠的和几近劣于人类的。在《哲学研究》第 2 节，他想象一组行为者只参加这样的单一语言游戏：

　　　　建筑师傅 A 和他的助手 B 用这种语言交流。A 在用各种石料盖房子，这些石料是方石、柱石、板石和条石。A 必须依照 B 所需要的石料的顺序把这些石料递给他。为了这个目的，他们使用一种由"方石""柱石""板石"和"条石"这几个词汇组成的语言。A 说出这些词，B 把石料递过去——他已经学过按照词汇传递对应的石料。——请把这看作一种完整的原始语言。

　　如果真像这样，我们将面对一种人类存在形式，其中互动和语言使用看上去像机器人似的。但是，我们难道不能想象出更为丰富却仍统一的语言游戏吗？《逻辑哲学论》

的作者不是曾经设想，一定意义上只存在一种语言——所有自然语言和所有发明的记号共享的单一的底层逻辑结构吗？哲学家们不是一再地力图构造一种单一的理想语言吗？维特根斯坦回应这类挑战时指出，不同的语言游戏完成不同的需要，"这些需要可以有最大的多样性"（BB，第59页）。更重要的是，人类的需要不仅在数量上多样，而且它们随着时间而变化，是不可预测的。谁曾预见到我们自己有一天会在整个地球上进行电子通信？互联网事实上形成了大量的新语言游戏。语言游戏的多元化因而是在依据人类行为的多元化，我们可以补充说，是在依据人类的兴趣以及看待我们自己和我们周围世界的方式的多元化。当然，总存在着一种可能性，即我们会使这一多元化从我们手头溜走，我们将在极端贫乏的人类存在中结束。"也许科学和工业（正是在这一过程中引发无限的悲惨）将统一世界——我指的是将世界压缩为单一的单元，尽管是和平在其中找到最终归宿的单元。"（CV，第63页）

为了领略我们的日常语言游戏实际上多么多样，我们 62 也许应该分析维特根斯坦在 20 世纪 30 年代之后的心、物关系问题，关于数学、神话、宗教、科学、文化，关于我们以不同方式看待事物的能力和关于不同世界图景的可能性所谈论的内容。

心和物

《蓝皮书》的维特根斯坦密切关注我们语言中存在的两类命题:"我们可以称它们为描述自然界(外部世界)事实的命题"和"描述个人经验的命题"。(BB,第46—47页)一方面,我们可以说"我们花园的郁金香绚丽开放",而另一方面,我们可以说"我感到疼"。《逻辑哲学论》当然坚持认为不存在后一类的合理命题,因为"我"一词不能代表一个对象。现在维特根斯坦打算承认它们的合理性,但是他认为我们恰当地解释它们才是实质性的。两类命题的区别也许使我们首先认为"这里我们有两类世界,不同材料构成的世界,一个心理世界和一个物理世界"(BB,第47页)。然而,必须摈弃这种解释。同样必须摈弃另一种解释,按照后一解释,"当一种动物进化到一定复杂程度时,便出现心理现象、感觉经验、意志等"(BB,第47页)。也必须摈弃第三种解释,它主张"个人经验,虽然远非物理过程的结果,却似乎是任何意义上我们谈论所有这类过程的坚实基础"(BB,第48页)。还必须摈弃第四种形而上学解释,按照这种解释,"整个世界,心理的和物理的,都由一种材料构成"(BB,第48页)。换句话说,维特根斯坦反对笛卡尔二元论、唯物主义创化论、唯心论、中立一元论以及关于两类命题间差异的所有形而上学解释。相反,维特根斯坦宣布，他所认识的普通人"同样远离实在论和唯心论"（BB，第48页）。两类命题所呈现的问题的关键不如说在如下观察中形成，即"命题'A有一颗金牙'和'A牙疼'并非被类比地使用。乍一看它们似乎没有什么区别，但它们在语法上有区别"。（BB，第53页）两个命题事实上有着不同目的，满足不同需要。语言在其中发挥着不同功能。换句话说，我们面对着两种不同的语言游戏。

维特根斯坦借《蓝皮书》重温了唯我论问题。在《逻辑哲学论》中，他曾认为唯我论是"非常正确的"，但它所指谓的东西不可说。在《蓝皮书》中，维特根斯坦指出，"我"一词实际上有两个合理用法。正如他所说的，有其"作为宾词的用法"。和有其"作为主词的用法"（BB，第66页）。当我们谈论人的躯体及其身体特征时，我们使用"我"（或"我的"）指向一种对象。在这一种类中，我们有命题"我的胳膊破了"和"我长了6英寸"。另一方面，当我们谈论心理状态、心理过程和感觉时，"我"一词被用作主词。维特根斯坦的例子是："我看到如此这般"，"我听到如此这般"，"我努力抬起胳膊"，"我认为天要下雨"，"我感到牙疼"（BB，第66—67页）。维特根斯坦说，在第一类命题中一个对象（身体）被识别出。在第二类命题中，我们不指向任何对象。"对于一个特定的人的陈述，说'我感到牙疼'一点也不比呻吟表达得更多。"（BB，第67页）通过说出"我疼"，我不是力图陈述一个事实，相反我正力

63

图引起对我的注意。借助大量思想实验，他竭力表明，在这类话语中"我"一词肯定不指向特定身体。如我们可以想象我感到你的身体疼而不是像通常那样感到我的身体疼。但是即便如此，这种疼依然是我的疼。"当我说我牙疼时，毫无疑问可以识别一个人。问'你确信牙疼的人是你吗'是无意义的。"（BB，第67页）这并不意味着在这类情况下我们指向某种心理的或精神的东西。维特根斯坦以如下话语总结《蓝皮书》："感到疼或看到或想到这一类命题的内核涉及心理本性，只是就'我感到疼'中'我'一词并不指代特定身体而言。"（BB，第74页）这一否定事实并不证明积极的结论，即我们必须指向某种精神的东西。维特根斯坦补充说："我们感到，'我'在其中用作主词的情况中，我们不是因为通过其身体特征识别了特定的人才使用它；而这却造成一种错觉，以为我们使用该词是指向某种非身体的东西，它肯定在我们身体中有其位置。"（BB，第69页）他认为，这一错觉是相信有一个形而上学的真正实体——我的笛卡尔信念的真实根源。

维特根斯坦总结说，唯我论者不是发现关于实在和心灵的新鲜事实的人，宁可说是"无法抗拒地被诱惑去使用某种表达方式"的人。（BB，第60页）这一诱惑之所以产生，是因为我们说话的日常方式将心灵严格地固定在一个位置上，我们有时感到被这一强制因素所束缚。唯我论者想比日常语言所允许的更强烈地强调自己的痛感和其他人的痛感之间的区别。他由此建议另一种说话方式，原则上说对于他所建议的没有什么不妥。我们甚至可以学着按唯我论者的说话方式，当唯我论者看到如此这般时，便说"如此这般真的被看到"。"建议其他人在其记号系统中给我一个例外的位置，这没什么不妥；但是我想给它以证明：证明这身体真的是我存活的位置——却是无意义的。"（BB，第66页）这一评论表明维特根斯坦关于语言与世界关联的图像从他《逻辑哲学论》所提出的地方已发生多大变化。它还显示他关于世界本身的图像发生了多大变化。维特根斯坦就唯我论写道：

> 他看到划分国家的方式不同于普通地图上所使用 64
> 的方式。例如，他感到被诱惑着使用名字"德文郡"
> 不是指通常边界的县，而是指有不同边界的地区。他
> 可以表达这点说："把这当作一个县，以这儿为边界，
> 难道不荒谬吗？"但是他所说的是："真正的德文郡是
> 这样的。"我们会回答："你想要的只是一个新的记号，
> 按照新的记号，没有什么地理事实发生改变。"（BB，
> 第57页）

认为世界有一确定的结构，描画它的命题复制了这一准确结构，维特根斯坦的这一早期思想已消失殆尽。这里把现实看作连续的表面，可以出于不同目的进行不同绘制。尽管后《逻辑哲学论》的维特根斯坦不再做形而上学断言，但他仍对现实抱有不言而喻和非正式的理解。认为现实本

身有一逻辑结构，世界存在着特定的秩序和组织，这一观念已一去不返。现在的想法是，我们借助于语言将结构强加于世界，而且总是有一种以上的方式、一种以上的语言、一种以上的记号。这并不意味着我们的语言游戏与世界分离着，我们可以以我们喜欢的任何方式说话。在其晚年笔记中，维特根斯坦写道："如果我们想象事实不同于其实际情况，那么某些语言游戏就失去一些重要性，而另外一些语言游戏则变得重要起来。这样一来在使用一种语言的词汇上出现一种变化——一种逐渐的变化。"（OC，第63页）《逻辑哲学论》的错误在于假定我们采用的特定记号可以通过指称世界的逻辑秩序而加以证明，而不是假定语言和世界存在某些联结。

维特根斯坦的新思维还修改了他以前关于语言的界限所说的话。按照新的观点，他认为每个特定的语言游戏都有着内在界限。但是，他不再认为那些界限是严格而不可更改的。语言游戏毕竟可以随时间而变化，以适应新的说话方式。正如他在《蓝皮书》中讨论唯我论时所表明的，发明新的语言游戏以满足新的需要和趣味总是可能的。

数学和其他科学

我顺便指出，20世纪30年代维特根斯坦密切关注两大问题。第一个属于哲学心理学，涉及我刚才讨论的那类问

题。第二个处理数学哲学的各种论题。维特根斯坦探索这
第二大论题有各种原因。其中之一是他想理解必然性的性
质。当哲学家们说某事是必然的时意味着什么？如数学命
题在什么意义上必然为真？数学规则如何实现其应用？数
学证明步骤中有什么必然性？在《逻辑哲学论》中，他曾
认为必然性（或者"确实性"，像他当时所说的）在命题中
将自身显示为重言式。（TLP，5.525）所以对他来说，所有
必然性都是逻辑必然性。（TLP，6.37）但是，这留下尚未
回答的重要问题，因为他还相信数学等式不是重言式却同
时有必然性。那么它们展示的是哪种必然性呢？

65

　　另外，促使他关心数学基础的还有另一些原因。和以
往一样，他发觉自己对导师罗素曾竭力将全部数学还原为
逻辑存有疑义。当维特根斯坦在《逻辑哲学论》中论证罗
素的逻辑主义时，他仍同意数学是统一的事业这一观点。
直到 20 世纪 30 年代，他坚决表示情况不是这样，认为数学
事实上由各种语言游戏、各种不同但相关的思想样式构成。
他由此写道："我情愿说：数学是各种证明技巧的混杂物。
以此为基础而形成各种各样的应用和重要性。"（RFM，第
176 页）

　　将这些思考扩展到其他科学以及自然科学整体是很有
意义的。维特根斯坦从未发展一种经验科学的哲学，但他
肯定反对科学统一的任何信念。相反，他很可能主张，自
然科学也是像数学那样的混杂物。在他看来，这一结论很

容易从关于数学混杂物的想法中推导出，因为不同的经验科学使用数学的不同部分，并以各种方式使用这些部分。维特根斯坦大概也会同意对科学的各种阐述，比如托马斯·库恩所做出的阐述，即强调不同时段中科学的间断性。无论如何，他认为理解和谈论世界不止一种方式，而科学、神话和宗教便是不同的方式，使用着非常不同而且的确不相容的语言游戏。

科学、神话和宗教

维特根斯坦在 20 世纪 30 年代早期得出这些结论，当时他阅读詹姆斯·弗雷泽爵士的《金枝》——部论巫术和宗教实践的著作，可算是维多利亚时代伟大的学术成就之一。在评论该书的笔记中，他尖锐地批判弗雷泽阐述这些实践的还原特征以及由此产生的人类理解的一元论概念。他指出，弗雷泽把巫术当作"实质上虚假的物理学，或者视情形而定，虚假的医学、技术等"（RF，第 67 页）。相反，维特根斯坦认为假定"人类由于纯粹愚蠢而这样做"（RF，第 61 页）是错误的。为什么原始人跳祈雨舞？他们不知道最终天要下雨吗？他得出结论说，弗雷泽未能认识到，巫术不是一门尝试而错误的科学，它没有采用因果效验概念，而是以符号系统和语言的观念为基础。（RF，第 64 页）巫术涉及对待世界的不同态度，它是完全不同于科学的态度。"正在觉醒的精神的形式是对对象的崇拜。"
（RF，第73页）随着人类精神的觉醒，产生了与生命的原
始土壤、与生命的最终基础的分离，这种分离形成了巫术
和宗教仪式。因而巫术和科学的生活形式是彼此完全不同
的。巫术有它自己的语言、自己的语言游戏，这些完全不
同于科学中进行的以及由科学主导的世界的语言游戏。

　　弗雷泽的科学主义扩展到整个宗教信仰。但是，维特
根斯坦反对说，当奥古斯丁在其《忏悔录》中召唤上帝时，
他肯定不是出错。佛教徒带有非常不同的宗教观点也不是
出错。维特根斯坦在其他地方补充说："显然，宗教的本质
和人们正在交谈这一事实没有一点关系，或毋宁说当人们
交谈时，交谈本身便是宗教行为的一部分，而不是一种理
论的一部分。因而所说的话对还是错抑或胡说都没有关
系。"① 如同巫术思维的语言游戏那样，宗教语言游戏以这
种方式区别于科学真理的语言游戏。巫术的和宗教的语言
在其使用中得到生命和意义，它们不能简化为描述和分析
事实的狭隘的语言用法。

　　在阅读弗雷泽的《金枝》的时期，维特根斯坦还研究
了奥斯瓦尔德·斯宾格勒的《西方的没落》。在这本书中，
斯宾格勒竭力给出"世界历史的形态学"，认为世界的每一

----

　　① 布莱恩·麦克奎尼斯编，约茨姆·舒尔特译：《维特根斯坦与维也纳
学派》，布莱克威尔出版社1979年版，第117页。

伟大的历史文化都有其独特形式。在斯宾格勒看来，这一
形式决定着该文化的所有方面，从宗教仪式到科学和数学。
它也决定每一文化从其产生到衰老的过程。这些观点显然
激起了维特根斯坦的兴趣。从他20世纪30年代的一段笔记
可以明显看出这点，他在那里写道："我们的文明由'进
步'一词来刻画。进步是其形式……它的典型特征是筑造。
它忙于筑造日益复杂的结构。"（CV，第7页）这一评论反
映了斯宾格勒的影响，不仅认为"我们的文明"有不同于
其他文明的形式，而且依赖斯宾格勒对文化和文明的区分。
在斯宾格勒看来，后者是文化进化的最后阶段，其中文化
变得凝固而耗竭。按照这种精神，维特根斯坦认为，我们
发觉自己现在"处于欧洲和美国文明的伟大梦想"，但不再
处于"高度文化的时代"（CV，第6页）。

看出方面

在《逻辑哲学论》中，维特根斯坦曾写道："我们给自
67 己绘制事实的图像。图像再现逻辑空间中的事况，即事态
的存在与非存在。图像是实在的一个模型。"（TLP，2.1—
2.12）按照这一阐述，图像通过与事实具有完全同样的结
构即通过与它同构而描绘事实。在这一严格意义上，命题
（尤其是基本命题）是事实的逻辑图像。尽管这不是《逻辑
哲学论》之后他继续坚持的观点，但是后期维特根斯坦仍

对图像和描绘关系感兴趣。他甚至继续为如下观念所吸引，即命题在某种意义上与描绘一样起作用。这在《哲学研究》第2部分第11节很明显，他在那里详细谈论了图像和视觉，指出"一个句子可能使我觉得就像一幅话语的图画，句子里的每个词都像一个图像"（PI，第215页）。

一旦他总体上放弃了逻辑原子主义和形而上学，他当然不再谈论图像和命题与它们所描绘的事实有同一结构。在《哲学研究》中，关键的看法是同一个图像可以用于描绘不同的情境。例如，一本书可以在大量的地方包括同一插图，但在每一地方它或许显示为不同的东西，"一次是玻璃立方体，一次是敞口倒置的盒子，一次是围成这个形状的铁丝架子，又一次是直角拼接的三片板子"（PI，第193页）。这一观点把我们的注意力引向某种拼图图像，我们可以一会儿看作这个东西，一会儿又看作那个东西。

维特根斯坦很早就对这类图像感兴趣。在《逻辑哲学论》中，他就谈论了内克尔立方体，即一种立方体图像，我们从图像的前面既能看到一边也能看到另一边。他论证说，我们能有这两个不同视图，是因为"我们的确就是看到了两个不同的事实"（TLP，5.5423）。换句话说，变换的知觉无法通过指出我们以两种不同方式看到的立方体图像来说明；相反，存在着描画两个不同事实的两种知觉表现，立方体实际上在空间的两个不同位置。依照《逻辑哲学论》的概念，感受的主体不在考虑范围。

在《哲学研究》中，维特根斯坦喜爱的拼图是"鸭—兔"图像，可以轮流看作鸭子头和兔子头的一种图像。他对这类图像的讨论表明他离开《逻辑哲学论》的简单性已很远。在《哲学研究》中，维特根斯坦问自己：看到一个面向而不是另一面向是什么意思？把图像分别看作描画鸭子头或兔子头是什么意思？我们学会以这种或那种方式看图发生了什么？而且维特根斯坦现在明白，该讨论中暴露的问题不只与拼图图像有关。当我们在人群中最终认出一个朋友的脸时，当我们看出或看不出两张脸的相似性时，当我们识别或未能识别一个面部表情时，例如当"某人看到一个微笑，没看出它是微笑，没理解它是微笑"时（PI，第198页），也产生这些问题。当我们把一个图像一会儿看作平的一会儿看作三维的时，当我们看到一个球飘浮在图像上时，或者当我们把静态的照片看作描画了一匹奔马时，都会产生同样的问题。

他的所有这些讨论都错综复杂，尽管也许不是完全结论性的。无论如何，有两点明确凸显出来。第一点是，将某物看作某物意味着在与其他事物的关系中看它。当我把鸭—兔图看作一只兔子时，对我来说图像处在不仅与兔子的而且与其他兔子图像的关系中。它还处在我和别人将会这样说的关系中：像"这是一只兔子"的简单陈述，像"看，一只兔子"的惊呼，或者"如果你以这种方式看图，你会看到一只兔子"形式的解释。兔子图像还处在与某些

68

应用的关系中。维特根斯坦写道:"唯当一个人已经能够熟练地应用某个图形时,我们才会说'现在他看它像这个','现在像那个'。这种经验所依托的是对某种技术的掌握……仅当一个人能够这样那样,学会了、掌握了这个那个,说他经验到这个才有意义。"(PI,第208—209页)我们可以换句话来表达这一结论。尽管维特根斯坦在这一语境中没有使用"语言游戏"一词,但我们可以说,在他看来,将某物看作某物,有某物的经验,总是包含词、表象及其应用的一种语言游戏的一部分。我们在一幅图像中能看到不同方面,这一点再次说明可能的语言游戏的多样性。

这一讨论中凸显的第二点是,维特根斯坦不再假定图画自身通过其结构便描绘某一特定事实。相反,我们可以出于非常不同的目的使用同一个表象,而且的确可以以非常不同的方式看这一表象。《逻辑哲学论》正确地指出我们为自己制造事实的图像。但是,图像是可解释的;它们可以以不同方式被看,因而我们无法从我们关于世界事实所作的图像中得出形而上学的结论。维特根斯坦在《哲学研究》的前面给这一观点以戏剧性应用。试分析某人说"给我一块板石"。按照《逻辑哲学论》,这一命题必须有与它言说的事实结构对应的明确的(逻辑)结构。但是,维特根斯坦现在询问"我们不能用这一表达式意指对应于单个词'板石'的一个长词"(PI,第201页)。我们归于命题的结构将依赖于我们语言中另外的可能命题。换句话说,我们归于一个命题的结构是它所归属的语言游戏的功能。因此维特根斯坦写道："思想和意图［就它们自身来说］既不是'分环勾连的'，也不是'不分环勾连的'；既不可跟行动或说话所发出的单个声音相提并论，也不可跟一个曲调相提并论。"（PI，第 217 页）

69　　　　　　　　世界图像

维特根斯坦对立方体视觉的讨论为其反思思想系统和世界图像做好准备。他在生命的最后两年所写的关于这些论题的笔记以《论确实性》为题出版，它们显示了维特根斯坦再次转向新的方向。这些最后笔记的核心是维特根斯坦的如下信念："有关一种假设的一切检验、一切证实或否证都早已发生在一个体系中……这个体系与其说是论证的出发点，不如说是赋予论证以生命的活力。"（OC，第 105 页）在其他笔记中他补充说，我们所有的假设和信念，我们相信或怀疑的每样东西，都是这类系统的一部分。我们还读到："我们的知识形成一个庞大的体系。只有在这个体系内某一个别知识才具有我们给予它的价值。"（OC，第 410 页）

他在这一语境中所使用的最精致词语是"世界图景"（Weltbild）一词，它一方面指向《逻辑哲学论》的图像语言，另一方面指向 20 世纪 30 年代他对弗雷泽和斯宾格勒

"世界观"（Weltanschauung）的讨论。《论确实性》认为，我们的世界图像决定我们如何感知事物和如何谈论事物。"我看到的和听到的所有事物都让我确信没有人曾远离地球。在我的世界图像中没有一件事物支持其反面的说法。"（OC，第93页）这一世界图像可以或多或少地用命题描述（OC，第162页）。这些命题构成一个系统，对"我们语言游戏的整个系统"来说，"像一个游戏的规则系统那样起作用"（OC，第95页，第411页）。世界图像、语言系统、语言游戏因而彼此紧密联结着。和《逻辑哲学论》的原子主义相比，维特根斯坦现在关于意义、思想和语言的观点是彻底整体主义的。他格言式地写道："光是逐渐照亮全体的。"（OC，第141页）

这一整体论有重要的哲学意义。因为所有的怀疑都预设了一个语言系统、语言游戏或世界图像，所以彻底的、广泛的哲学怀疑肯定是畸形的。"一种无限度的怀疑甚至说不上是怀疑。"（OC，第625页）另一方面，我们的确实性还什么也不能保证。它们只是构成了"一种神话"，界定了我们思想的"河床"。尽管它们对我们来说似乎完全无可怀疑，但我们不应忘记"这种神话可能变为原来的流动状态，思想的河床可能移动"（OC，第97页）。摩尔通过关注命题"我知道这儿有一只手"的确实性来证明形而上学实在论，正是出于这一理由，这一企图落空了。

而且我们必须警惕如下事实，即所有证明和论证只在一个体系内替换。其结果是，该系统本身无法提供证明。"你必须记住：语言游戏可以说是某种不可预测的事情，我的意思是说：语言游戏不是建立在理由基础上的东西。语言游戏不是合乎道理的（或者不合道理的）。语言游戏就在那里——就像我们的生活一样。"（OC，第559页）我们接

70　受世界图景不是通过确信其正确，而是通过在其中成长起来。世界的这一图像被当作"我用来分辨真伪的传统背景"（OC，第94页）。"并非来自某种推理过程"（OC，第475页）的语言宁可说根植于儿童时期灌输我们的实践和习惯，最开始并不是有意识的理性行为。在《论确实性》中最能说明问题的段落之一，维特根斯坦写道："我有什么样的理由相信实验物理学教科书？我没有任何理由不相信它们。我相信它们。我知道这类书是怎样写成的——或者不如说我相信我知道。我有一些证据，但并不充分而且很零散。我曾听到、看见和读过各种事情。"（OC，第600页）当然这一评论并非旨在颠覆我们对物理学的信任，相反，它旨在向我们表明我们是多么依赖和信任物理学。

　　维特根斯坦在《论确实性》中经常使用"我的世界图像"单数形式和我们的"系统"，但是实际上认为存在着许多可能的世界图像和许多可能的思想系统。的确，他经常谈到这样的可能性，即其他人也许以不同于现代人看待世界的方式去看待世界。因此他写道："一些非常聪明和受过良好教育的人相信《圣经》上创世记的故事，而另外一些

人则认为这已被证明是错误的，后者的理由早为前者所熟知。"（OC，第 336 页）因为所有的推理都发生在一套思想系统中，所以当然可以得出结论，我们不能有效地用一个系统颠覆另一个系统。凡是两个世界图像相遇的地方，便会有两套系统真正发生冲突，"每个人都会把对方叫作蠢人和异教徒"（OC，第 611 页）。因而我们只能攻击其他人，我们能向他们提供什么理由呢？"在理由穷尽之后就是征服（想想传教士让土著人改信宗教时所发生的情况）。"（OC，第 612 页）

内在和外在

维特根斯坦的多元论提出了棘手的问题。我们如何在语言游戏间做出区分？似乎一个词出现在两个不同的语言游戏中，如"我"一词。我们如何说一个命题属于一个语言游戏或者另一个语言游戏？不同的语言游戏间有什么关系？不同的思想系统间、不同的世界图像间有什么分离、联结和可能的过渡？人们多大程度上在另一个世界图景内理解一个世界图像？思想系统或世界图像彼此相容吗？我们怎么认识到某人有一个特定的世界图像？等等。

维特根斯坦并未考虑所有这些问题，但他的确认识到 71
它们的有效性。从他最终超越《蓝皮书》对客观和主观说话方式间区别的阐述便可看出这一点。他在那里只是简单地认为客观和主观说话方式属于两种不同的语言游戏，但对两种语言游戏间的关系几乎未说什么。另一方面，在《哲学研究》中他返回这一主题并修改了观点，认为客观和主观语言游戏是彼此完全分离的。谈到物理对象和感觉印象间的区别时，他说道："我们在此有两种不同的语言游戏，它们之间的关系错综复杂。——你要把这种关系装进简单的公式里，你就走错了路。"（PI，第 180 页）他现在至关重要的新洞察是，"一个'内在的过程'需要外在的标准"（PI，第 580 页）。我们对某人疼痛这一事实的识别与他的行为和说话联结着——但是以复杂的形式。"'我发现他情绪低沉。'这是报道行为还是报道心灵状态？……两者都有；但并非两者并列着，而是一者通过一者。"（PI，第 179 页）所讨论的行为可能是言语、非言语或者两者一起。"医生问：'他感觉怎样？'护士答：'他在呻吟。'……他们不可以得出结论，例如说'他要是呻吟，我们必须再给他一些止痛药'——而这一推论并非省略了中项。"（PI，第 179 页）除了呻吟，患者当然还可以说："这儿伤了，好疼哦！"这也会使医生和护士得出同样的结论。

对维特根斯坦来说，可以得出结论："只有说到活人，说到和活人相类似的（和活人有类似行为举动的）生物，我们才能说：它有感觉：它能看见，它瞎；它能听见，它聋；它有意识或无意识。"（PI，第 281 页）因此，我们可以想象蠕动的苍蝇疼，而无法想象不动的石头疼，除非石头里藏着另外的活物。这一点使我们觉得维特根斯坦现在滑进他在《蓝皮书》中力图逃避的那种唯物主义的行为主义。但是，正如他在《蓝皮书》中排除唯心论者之间的争议那样，唯我论者和实在论者只是在表达方式上有分歧，并非不同意"每个有理性的人都承认的事实"（PI，第402页）。对于行为主义者倾向于否认疼痛和疼痛行为间的区别，维特根斯坦继续说道："还会有什么更大的区别吗?"当他受到挑战时说:"你却再三得出结论说感觉本身子虚乌有!"他回答道："不然。它不是某种东西，但也并非乌有! ……别认为语言始终以单一的方式起作用，始终服务于同样的目的……唯当我们彻底与这种观念决裂时，上述悖论才会消失。"（PI，第304页）以这一令人困惑的评论，维特根斯坦竭力表明，当我们说我们疼时，疼并非我们指称的一个对象（例如心中的一个对象）。相反，疼痛体验在我们的语言中起着非常不同的作用。

我们被引到关于心理过程性质的形而上学解释，仅仅 72 因为我们思维的第一步"是完全不为人所注意的一步"，因而"变戏法的关键步骤已经完成，而正是这一步我们认为最清白"（PI，第308页）。那么我们思维中关于心灵的关键性的第一步是什么，它最终把我们引到唯心论还是笛卡尔的二元论，抑或行为主义? 维特根斯坦的回答简短有力:"我们谈论种种过程和状态，却一任其本性悬而未决! ……但正因此我们把自己固着在某种特定的考查方式上。"

（PI，第308页）在物理学中，我们可能观察某些物体在我们尚未理解的基本粒子内运行。当我们转向心理过程时，我们倾向于以同样方式谈论。我们把这些过程看作"在心灵中"运行，然后认为心灵是某种难以理解的东西。但是，按照维特根斯坦的解说，这一类比立刻破碎了。

为了看到这点，我们必须切近地观察人类身体的陈述如何联结着心理学话语。这里我们必须区分两种情况：我们谈论第三人称的情况（"他疼"）和我们说到的第一人称情况（"我疼"）。当某人说他疼时，我们完全依赖于合适的外在标准。我说他疼是因为我看到他的疼痛行为或听到他的话。但是，这并不意味着我只是在做关于疼痛行为的陈述。这样说有许多理由。一个是，联结行为和疼痛的标准性关系并非绝对紧密。可能某人感到疼痛但并未表现出来，也可能某人假装疼痛，即表现疼痛行为却没有真的感到疼。另一方面，如果不存在疼痛和疼痛行为间一般的自然关系，显然我们将疼痛归于其他人的实践便毫无根据。

第一人称话语的情况如"我疼"提供了另一更有力的理由来否认行为主义。当我说"他疼"时，我这样说当然不是基于观察我自己的行为。这种情况中"语词和感觉的原始的、自然的表达联系在一起，取代了后者……疼的语言表达代替了哭喊而不是描述哭喊"。（PI，第244页）这一实践不断继续，孩子们学会说"我疼"作为哭喊的代替，当然预设了非语言行为和话语间的联结。使用语言的家长教给孩子们说"我疼",当他们看到孩子疼痛的行为时,他们教给孩子使用话语。"孩子受了伤哭起来;这时家长对他说话,教他呼叫,后来又教给他句子。他们是在教给孩子新的疼痛行为。"(PI,第244页)第一人称情况搞清了行为描述和疼痛话语间的区别。当我说"我疼"时,我没有描述任何事物,相反我在表达疼痛。我的话语和描述有不同功能,这甚至对第三人称也是对的。当我说某人"我相信他在受痛"时,我不是描述他的行为,尽管我的归因的确基于他的行为;宁可说我在表达对他的态度:"我对他的态度是对心灵的态度。"(PI,第178页)

尽管行为主义正确地诊断疼痛和疼痛表达(疼痛行为)间存在的关系,但是当它认为疼痛话语是对行为的描述时错误地解释了这一事实。要克服行为主义意味着"彻底与如下观念决裂,即认为语言始终以单一的方式起作用,始终服务于同样目的:传达思想——不管这些思想所涉及的是房屋、疼痛、善恶,或任何其他东西"(PI,第304页)。行为主义事实上与它的明显对手笛卡尔的二元论同样具有这一成问题的假设,因为这一观点也假设词语通过代表某物而具有意义。行为主义和二元论由于未能理解语言的多样功能而陷入错误的形而上学。

这些分析众所周知处于维特根斯坦私人语言论证的核心。如果我们依据"对象和指称"的模型去解释感觉和内在状态表达式的语法,我们也许被诱惑着认为存在着我们的感觉语言所指称的内在对象。但是，维特根斯坦竭力表明，这样的内在对象在我们的语言和思想中并不起实质作用。"盒子里的东西根本不是语言游戏的一部分，甚至也不能称为什么东西，因为盒子也可能是空的。"（PI，第293页）如果我们依据"对象和指称"模型解释意义，那么"对象就因为不相干而不在考虑之列"（PI，第293页）。他在此挑明潜在的反对意见，即我们也许能够发明一种根本上私有的语言。"这种语言的语词指涉只有讲话人能够知道的东西……因此另一个人无法理解这种语言。"（PI，第243页）原则上在所谈论的东西只为说话者才可接近的意义上，这样一种语言实质上是私人的。但是，维特根斯坦认为，这样一种语言概念是不连贯的，因为对于是否能恰当地识别一种感觉，它并没有确定的标准。

多样性领域

所有这些都展现了人类世界作为彻底多样性领域的一幅图画。《逻辑哲学论》（或者至少前《逻辑哲学论》阶段）有关对象、事态和事实多样性的形而上学多元论让位于关于语词的多样用法、多样的语言游戏和多样的人类生活形式的观念。这些反过来被认为与旨趣、需要和看待世界的方式的可变多样性关联着。而且，有关生活形式和构成的这一巨大分布是不定的，在时间长河中以不可预测的方式变换着。

这一图画提出看待人类条件的全新方式。它与我们的   74
哲学和科学传统形成了鲜明对比,后者总是以这种或那种
方式赞成一种统一理想。按照这种观点,人类世界可察觉
的多样性只是一种表面现象,只是其背后的严格统一性原
则,有待我们发现的一层帷幕。这一原则的名称当然从一
个思想系统到另一个思想系统有所不同;在一个系统中它
被看作超验的(上帝、一、善的理念);在另一系统中它被
看作经验的(大爆炸);在一个系统中它是精神的,而在另
一个系统中它是物质的。但是,必定存在着这样一个原则
的假定则被一直默默地预设着。它还影响着我们对人类知
识、哲学、科学以及人类理性的看法。依照这一假定,理
性总的来说被理解为寻找单一原则的能力,被理解为寻求
统一的能力。正是这一假设最终也塑造着我们关于社会和
政治的大多数思维。

另一方面,维特根斯坦竭力告诉我们有关人类世界的
内在多样性和多元性。他力图向我们表明,探寻统一原则
不仅是无望的,而且这样一种原则无论如何解释不了什么。
他这里触及了任何一元论和还原论真正困难的地方之一:
无法告诉我们有关无条件的统一性如何能产生多元性的连
贯故事。但是,任何种类的多元论(不管是否属于形而上
学)都向我们补充一个问题:多元论概念所阐述的事物是
如何统一起来的?如果它们之间不存在联结,那么多元事

项如何能组成诸如世界或人类生活形式的任何统一体便是模糊不清的。维特根斯坦巧妙地（至少部分地）处理这一问题，认为构成世界的对象"像链子的环一样连在一起"。尽管世界是事实的多样性，可世界的逻辑是单一的。但是，维特根斯坦后期不再愿意接受这一单一、根本、崇高的逻辑理念。那么从何种意义上说不同语言游戏是一种语言的一部分，不同生活形式是人类生活整体的一部分？如果语言游戏和生活形式是不相交的，那么这一问题便没有肯定答案。但是，正如我们从维特根斯坦讨论内在和外在的区分中所看到的，他事实上认为语言游戏间以及生活形式间可能存在着各种关系。它们有时可能的确不相交，但它们也可以互为基础，彼此镶嵌，相互交叠，在各方面相似或不相似。取代认为有着不可分割的统一体的世界图像，维特根斯坦推崇一种把语言游戏和生活形式联结在一起的变动着的多样性关系的观念。我们将在下一章看到，维特根斯坦如何发挥家族相似概念来描述这些的关系多样形式。

　　总结这一章，我只需补充说，我这里所说的一切当然也与下一问题有关，即我们应如何理解社会政治现象。它也不是统一或分离的问题，而是多样形式的关联和失联的问题。这些也必须在其多样性中加以研究，如果我们想搞清社会政治领域的话。

扩展阅读

大卫·斯特恩:《"中期维特根斯坦":从逻辑原子主义到实践整体论》,载《综合》,87,1991 年。

76　第五章　家族和相似

维特根斯坦在《哲学研究》中责备自己："你谈到了各种可能的语言游戏，但一直没有说什么是语言游戏的，亦即语言的本质。什么是所有这些活动的共同之处？什么使它们成为语言或语言的组成部分？"（PI，第 65 页）他承认自己的确放弃了先前对"命题的一般形式"那种麻烦的寻求，但他为自己辩护说他在这里采用了全新的策略："我无意提出所有我们称为语言的东西的共同之处何在，我说的倒是：我们根本不是因为这些现象有一个共同点而用同一个词来称谓所有这些现象——不过它们通过很多不同的方式具有亲缘关系。由于这一亲缘关系，或由于这些亲缘关系，我们才能把它们都称为'语言'。"（PI，同上）换句话说，我们不同的语言游戏享有一串相互交叠、盘根错节的相似性，因而使它们成为我们语言的一部分。"我想不出比'家族相似'更好的说法来表达这些相似性的特征。"（PI，第 67 页）

下面将证明这一词汇的丰富内涵。并不是维特根斯坦发明家族相似这一概念。德语词 Familienähnlichkeit 实际上

在 19 世纪初以来的文学语境中就已使用①；后来在 19 世纪
80 年代尼采曾雄辩地谈到印度、希腊和德国哲学化的家族
相似②。但是，维特根斯坦给予这一词汇前所未有的哲学分
量。家族相似概念最终证明尤其是对抗各种本质主义的利
器：从柏拉图的理念论和亚里士多德关于自然种类的学说，
到《逻辑哲学论》对语言、命题、事实和对象的阐述等。
它还可以有效地服务于社会政治理论化，在那里我们倾向
于以本质主义方式谈论种族、阶级、文化、政府形式等。
对我们来说，事实上没有什么比如下信念更容易形成，即
世界被划分为完全不同的种类，个体事物拥有本质，我们
可以在整齐划一的定义中列出这些本质的充要条件。

尽管有这些明确使用，家族相似实际上是一个混杂概 77
念——从其复合名称可以明显看出。为了搞清这点，我首
先将维特根斯坦关于家族相似概念所说的话与他更一般地
使用这一概念所说的话区别开来。我还引入"集群概念"
（cluster concept）作为辅助概念。我想竭力得出的结论是，
我们不能简单地称赞维特根斯坦的概念和方法，并未加思
考地将其运用于我们自己的问题。要问我们如何在反思我

---

① 格里姆的《词典》引用了让·保罗和蒂克著作中出现的该词，认为它
来自拉丁词 gentilis similitudo。雅克布和维尔海姆·格里姆：《德语词典》，第 3
卷（莱比锡：黑采尔出版社 1862 年版），第 1306 页。
② 弗里德里希·尼采：《超越善恶》，R. J. 赫林达勒译（伦敦：企鹅出
版公司 1973 年版）。

们的社会政治生存状况时借用维特根斯坦，我们不仅要很好地理解维特根斯坦，而且要对他加以批评。

游戏组成一个家族

维特根斯坦首次使用家族相似概念是在他 20 世纪 30 年代初阅读斯宾格勒的《西方的没落》时。在该书中，斯宾格勒曾认为每种世界文化都拥有一个原型统一体，它们展现着完全相同的发展模式。在关于该书的笔记中，维特根斯坦指出，"如果斯宾格勒这样说也许得到更好的理解：我将不同的文化时代与家族生活加以比较；在家族内有着家族相似性，尽管你也可以发现不同家族成员间的相似性；家族相似以如此这般方式不同于其他种类的相似"（CV，第 14 页）。

维特根斯坦接着在《蓝皮书》中第一次实质性地从哲学上使用该词（或者倒不如说"家族相像"一词）。这点由如下想法引起，即真正说来思维就是用符号进行操作——归结于莱布尼茨的观点。在其"关于物和词间关系的对话"中，莱布尼茨曾认为，思想也许不需要语词，但没有这种或那种符号它便不能存在。"问问自己，如果不用任何数字符号，你是否可以进行算术运算。当上帝计算和演练其思想时，世界被创造出来。"[1] 维特根斯坦同意，在思考时我

---

① 哥特弗雷德·莱布尼茨：《关于物和词间关系的对话》，见《选集》，菲利普·P. 维纳编（纽约：斯克里布纳出版社 1951 年版），第 8 页。

们总是使用这种或那种符号（词、数字、图像等）。他也追随莱布尼茨而主张我们有时"通过写作思维"，有时"通过说话思维"，还有些时候默默地"通过想象的符号或图像"思考。他说，第一种情况下思维活动"由手完成"，第二种情况下"由口和喉完成"（BB，第6页）。在这种情况下，在内在的思维过程和外在的写作或说话过程中没有间隔，这一点的确明显，而且与维特根斯坦关于意识状态和外在行为间关系的观点一致。

在《蓝皮书》中，维特根斯坦继续说道，他把思维当作"用符号进行操作"的概念也许引起问题："什么是符号？"（BB，第16页）但是，与对该问题寻找一般答案相反，他建议我们应分析我们在其中使用符号的特定情况。例如，当我们带着写有"六个苹果"的购物单前往商店时，78 售货员将用"苹果"一词比较不同箱子的标签，然后从1数到6取出苹果。很显然，即使在这一基本情况中我们也以非常不同的方式使用词语。但是，我们情愿忽视这一事实，因为"我们渴望概括"，它来自于我们思维的许多趋向。我们倾向于"寻找所有实体共有的某种东西，我们通常将它们归于一个词语之下"（BB，第17页）。因此，我们假定所有游戏都有某种共同的东西。但是，游戏就像人类家族的成员。"其中某些成员有同样的鼻子，另些成员有同样的眉毛，有些成员有同样的走路姿势，而这些相像交叠着。"（BB，第17页）

维特根斯坦在《哲学研究》中再次返回这点，他在那里分析了从象棋到跳圈的游戏多样性。他认为，这些游戏没有什么共同之处，展现了"相似之处盘根错节的复杂网络"（PI，第66页）。有物理游戏和智力游戏，有轻快的游戏和严肃的游戏，有竞赛的游戏和合作的游戏，有一人、二人、三人、四人或整个团队的游戏。如何向其他人解释什么是游戏？我们可以描述特定的游戏并补充说："这个，以及诸如此类的，就叫'游戏'。"（PI，第69页）这样的相似性最恰当地描述为"家族相似"，因为家族成员间的相似以游戏间相似的同样方式"盘根错节"。我们因此也可以简单地说游戏构成一个家族。（PI，第67页）

维特根斯坦承认也可以将游戏分离地界定为"x是一种游戏，仅当它是a或b或c……"。但是，他将这种可能性看作"只是在玩弄字眼"（PI，第67页）。我们可以给一个概念以形式定义，这无论如何不能阻止该概念是一个有着"模糊边界"的家族相似概念，因为我们在定义中使用的概念反过来也可能有着模糊边界。因此，许多游戏与输和赢有关系，但是象棋中的赢和足球中的赢只以相似性联结着。而且出于许多目的，家族相似概念有很多优点。在数学和自然科学中，我们追求严格限定的概念；但当触及人类文化时，我们发现也许有必要拥有家族相似概念，因为我们想将它们应用于其确切特征不可预测的未来事物。这对于有关艺术、文学、哲学、社群、政治学和许多其他领域的概念来说是正确的。

当然，维特根斯坦所追求的是要语言系统、语言游戏和符号是家族相似概念。问他是否将语言理解为"具有固定规则的演算"（PI，第81页），他写道："语言和游戏的类比难道没有在这里给我们提供启示？"我们可以肯定地想象人们漫无目的地玩着球。"而现在有人说：这些人这段时间一直在玩一种球类游戏，从而是按照某些确定的规则来扔每个球的。"（PI，第83页）这样说的荒谬之处在于向我们表明，语言并非总是按照确定的规则在使用，语言游戏并不一定要像形式演算那样运算。由此得出结论，许多其他概念也一定是家族相似概念。在《哲学研究》中，维特根斯坦总结说，命题概念和数概念都是家族相似概念。他早些时候对斯宾格勒的评论同样表明，他认为人类文化而且的确人类文化整体都是由家族相似概念联结起来的。

所有这些树叶共同的是什么

维特根斯坦显然认为存在着许多家族相似概念，如从他谈论专名便看得很清楚。在《哲学研究》中他指出，每当我们使用专名时便典型地用到这类概念。他写道：

> 说到"摩西"，我理解的是那个做了《圣经》里说摩西做过的那些事的人，或者是做了其中大部分的那个人。可到底是多少？我是否已经决定了其中多少证

明为假之后，我就认我的命题为假而加以放弃？"摩西"这个名称是否在所有可能的情况下对我而言都有一种固定的单义的用法？——实际上像不像是：我准备着一系列支撑物，抽掉一根，我就依靠另一根；反之亦然？（PI，第 79 页）

每一专名都与一个家族相似概念相联系，这一观念是有趣的，因为它力图给弗雷格含义和指称学说以新的生命。按照这一理论，每一指称表达式必须在其指称之外有一种含义。为了知道像"摩西"这样的名称指称什么，我们必须将一种含义与这一名称相联系。维特根斯坦在《逻辑哲学论》中放弃了这种学说，而支持罗素的观点，即名称只是指称。但是在《哲学研究》中，他似乎再次接近弗雷格的观点。他现在主张我们必须区分一个专名的意义和载体。一个名称可以有意义，即便它指称的对象不存在。但是，与弗雷格相比，维特根斯坦没有假定一个专名的意义是固定而明确的。相反，它可能由"整个系列的命题"、一个家族相似概念给定。

由于维特根斯坦的思维无处不在，一些解释者便认为在他眼里所有概念都是家族相似概念。① 这在我看来是一个严重错误，正如我们从维特根斯坦在评论斯宾格勒时澄清的

① 容福德·巴姆布鲁：《共相与家族相似》，见乔治·皮策编：《维特根斯坦》（伦敦：麦克米兰出版社 1968 年版）。

ापर

如下事实可以看出：我们需要在家族相似和其他种类的相 80
似间加以区分。但是，犯此错误可以理解，因为维特根斯
坦并未将一般的讨论概念与讨论家族相似概念清楚地区
别开。

在《蓝皮书》中，例如有两个论题完全交织着。维特
根斯坦在有关段落中引入"家族相像"概念，但接着以更
一般的方式说道："在我们通常的表达形式中根植着一种倾
向，认为学会理解一个一般词语比如'叶子'一词的人由
此便拥有关于叶子种类的一般图像，与特定叶子的图像相
对。"（BB，第17—18页）这一信念"与如下观念有关，
即一个词的意义是与该词相连的一个意象或一个事物"
（BB，第18页）。学会理解"叶子"一词的人曾看到不同
的叶子，由此认为"给他特定的叶子只是'在他那里'最
终形成一种观念的手段，我们把这观念想象为某种一般意
象。我们认为他看到了所有这些叶子共同的东西"（BB，第
18页）。这里没有迹象表明维特根斯坦认定"叶子"是一
个家族相似概念。但是，即便我们承认这一点，也不能得
出结论说所有概念都是家族相似概念。

这一假设的确导致无穷后退。因为假设我们有一家族
相似概念 F，那么决定某物是否在这概念之下将依赖于与我
们也称为 F 的其他事物有恰当的一串相似性。试选择这些
相似性中的一个，然后大概有一个概念 G，它应用于有这些
相似性的事物。但是，如果 G 也是家族相似概念，那么将

会有一串其他相似性，它们将决定某物是否是 G。由此将产生新的概念，而如果假定这些概念反过来也必须是家族相似概念，我们就将面临无限后退的深渊。显然，必须最终到达一点，即一个新概念不再是家族相似概念，而标志着简单的、非家族相似的相似性。

让我们假定红色是这样一个颜色概念，经由例子或范式，我被告知某物是红色的。某人向我出示一朵红花，并称它是"红色"的。也许在我掌握之前，他需要重复其他红色对象，使我最终能够熟练地使用该词。当我这样掌握时，我最终说我现在称为"红色"的东西与最初的例子相似。对一般概念如何有意义的这一刻画联结着维特根斯坦对家族相似概念的阐述。但是，我们现在不是在谈论家族相似（"相似之处盘根错节的网络"），而只是谈论我们称为"红色"的事物的相似或相似之处，正如他联系斯宾格勒所说的，"家族相似不同于其他种类的相似"正是这一阐述的本质特征。

维特根斯坦在《蓝皮书》中表示，他分析一般词语的这一相似概念有着重要的哲学意蕴。自苏格拉底和柏拉图之后，哲学家们总是追问有关"知识"或"德性"之类的词语。他们通常寻找的是这些词语的所有特定应用中的共同因素，他们作为无关因素所排除掉的是"只帮助［他们］理解一般词语用法的具体情况"（BB，第 19—20 页）。在《哲学研究》中，维特根斯坦补充说，哲学中我们必须将我们词语的用法带回地面。然后我们看到，如"我们称为'句子''语言'的东西不具有我们前面想象的形式上的统一，而是或多或少具有亲缘的家族"（PI，第108页）。在我们探寻知识或德性的本质时，我们遭受着"借助我们语言的媒介对我们智性的蛊惑"（PI，第109页）。当一位哲学家使用词语"知识""存在""对象""我""命题""名称"时，我们必须总是问："这个词语在语言游戏里——语言游戏是语词的家——实际上是这么用的吗?"（PI，第116页）这并不意味着我们不能给这些词语新的精确意义，而是我们必须始终记住，这一新意义必须最终借助我们已掌握的词语解释，或者这些词语通过指称例子和范式来解释。但是，不管我们怎么考虑，实际情况是我们对一般词语的使用最终依赖于对相似和相似之处的识别。

维特根斯坦在《蓝皮书》中就这一论题所写的内容与尼采在论文片段"论非道德意义上的真理和说谎"中某些评论很相似。的确，维特根斯坦甚至和尼采使用了同样的例子。后者在有关段落中写道：

> 每一概念都产生于不相等事物的等同。正如说一片叶子从未完全等同于另一片叶子，同样确定的是，"叶子"概念也通过随意去掉了这些个体差异和忘掉了那些不同方面而形成。这唤起人们如下想法，即在各种叶子之外，存在着"叶子"的本质：也许所有叶子

据以编造、描画、测量、涂色、卷曲和绘制的原初
模型。①

按照尼采的观点，概念是基于我们对相似性的感知而
构造的。尼采写道："每个词只要它不是用作提醒它所以由
来的独特而完全个别的原初经验，便立刻变成了概念；但
毋宁说，就它必定同时适应无数或多或少相似的情况（这
全然指的是部分不相等因而总体上不相等的情况）而言，
一个词变成一个概念。每个概念都产生于不相等事物的等
同。"（同上）反过来在这一点上，尼采和维特根斯坦都受
惠于叔本华，后者在其《小品文和补遗》中写道，概念根
植于对相似性的认知："相似性有着巨大的价值，就它们将
未知关系联结到已知关系而言……就概念来自于吸收事物
间的相似方面而抛弃不似方面而言，概念的构成甚至归根
到底也落脚于相似性。"②

基于类比模式构造的表达式

由于对我们概念的起源都有这一理解，尼采和维特根

---

① 弗里德里希·尼采：《论非道德意义上的真理和谎言》，见《哲学和真
理：尼采1870年代笔记选集》，大卫·布里茨勒译（新泽西：人文出版社国际
部1979年版），第83页。
② 阿瑟·叔本华：《小品文和补遗》，E. F. J. 佩纳译（牛津：克兰伦敦
出版社1974年版），第2卷，第550页。

斯坦在人类思维和语言中给比喻或类比赋予重要地位。在
"论真理和谎言"中，尼采认为我们的思维再三地借助类
比，维特根斯坦同样指出我们的思维处处有类比。而且两
人都认为，比喻或类比也是哲学幻象的根源。对尼采来
说，"人与动物的全部区别都依赖于在图式中提炼
［verflüchtigen］知觉比喻的能力，从而将意象融化为概念的
能力"（PI，第116页）。这些图式反过来"制造金字塔般
的秩序……一个新的世界，一个对抗着第一印象的另一生
动世界的世界，它比直接感知的世界更加固定、更为普遍、
更易知道、更有人性"（同上）。他认为，真理的确只不过
是"一堆可移动的比喻"①。他也许有些轻率地得出结论，
我们必须把"真理"仅仅看作幻象和"谎言"（在非道德的
意义上）。尽管如此，这些幻象也许是有用的，甚至在我们
的生存斗争中是关键性的。但是，该理论的结论仍是否定
性的："我们相信我们知道事物本身的某些东西……然而我
们所拥有的只不过是对事物的比喻而已。"②

　　维特根斯坦在《蓝皮书》中同样谈到类比。我们从他
关于人这个概念所说的话中得到最好的例子。他从一个断
言开始，"'人'一词的日常用法可以看作适用于日常环境

————

　　① 弗里德里希·尼采：《论非道德意义上的真理和谎言》，见《哲学和真
理：尼采1870年代笔记选集》，大卫·布里茨勒译（新泽西：人文出版社国际
部1979年版），第84页。
　　② 同上书，第82—83页。

的复合用法"。但是，他继续说，如果人们假定这些环境发生改变，"人"或"人格"一词的应用也将发生改变。他总结说："如果我想保留该词，给它类似于以前用法的用法，我便在许多用法即许多不同种类的类比间自由选择。"（BB，第62页）这一评论以如下两点表明，在维特根斯坦看来，概念以类比为基础。当他将"人"一词的日常用法看作复合词时，他大概指的不是该概念通过不同符号的合取来界定，而是我们将它应用于一系列不同但相似的现象。一个词语的不同用法实际上包含着不同类比。换句话说，维特根斯坦否认所有人共享一个单个事物这一假设。而且他主张，从一个旧概念组成一个新概念，比如关于人的一个新概念时，我们通过类比的扩展而修正了现有的概念。和尼采一样，他也相信以这种方式构成概念对我们来说有着显著价值。他写道："基于类比方式构造的表达式的用法也许极为有用……每个特定记号都强调某一特定观点。"（BB，第28页）但是，依赖于类比也许会导致错误。维特根斯坦注意到"凡是日常语言的词语看起来有类比语法的地方，我们倾向于类比地解释它们"（BB，第7页），这可能是哲学混淆的根源。所以我们必须始终问："这两种用法间的类比究竟有多远？"（BB，第23页）因为"我们语言中两个相似结构间的类比会对我们强加一种魔力"（BB，第26页），哲学问题便变得困难。奥古斯丁关于时间实在的问题、唯心论和实在论间的形而上学争吵、身心关系的混淆，都归结于我们对类比结构的迷惑。因此，哲学方法必须"抵消某些类比误导人的效果"（BB，第28页）。正如已经指出的，这不容易做到，因为对语言来说类比是本质性的，而且"我们可以说，在人们被类比误解的各种情况周围……不存在明确的边界"（BB，第28页）。所以，我们必须逐例研究和评价类比的用法。出于这一目的，我们也许又觉得构造新的符号有用。为了打破旧类比的魔力，我们引入"理想语言"即符号记法——不是出于代替日常语言的目的，后者总体上说是完备无缺的，而是要检验深植于我们日常语言方式中的类比：

> 因此，我们有时希望一套记法和日常语言相比更加强调区别，使区别更为明显，或者在特定情况中比我们日常语言使用更为相似的表达形式。当我们感到某些记法能完成这些需求时，我们的心理痉挛便放松了。这些需求可能多种多样。（BB，第59页）

《哲学研究》中谈论类比并不明显。相反，维特根斯坦更频繁地谈论比喻、相似之处、相似性、比较的对象，当然还有家族相似，但他仍不断回到这一概念。他在一处写道，我们称为语言的首先是日常语言，"和这种东西类似或有可比性的东西"（PI，第494页）。他也一再提醒我们令人误导的类比可能性，比如"涉及话语用法的误解，导致这类误解的一个主要原因是，我们语言的不同区域表达形式之间有某些类似之处"（PI，第90页）。维特根斯坦还写

道，一个令人误导的类比处于认为"意愿"是行为名称的观念根部。（PI，第 613 页）

　　我强调尼采和维特根斯坦之间的相近是为了指出他们每个人都受自己拒斥任何形而上学理论化的观点的引导。所以，尼采在《论非道德意义上的真理和谎言》中写道，他对概念的阐述意味着现实本身对我们来说是不可接近的 X。"本性不用形式和概念也不用种类去亲近，而只需不可接近也不可限定的 X 去亲近。"① 然而，在这点上尼采和维特根斯坦也留有重要区别。尼采在其后期著述中——尽管一直在反对形而上学——对现实的本性进行了大量反思。在结集为《权力意志》的笔记中，他将世界看作能和力的连续体，看作"力的运行和力的波动"，看作"流动和冲击着的力的海洋"。该观念以公式总结为：世界是"权力意志——不是别的"②。尼采认为，正是依据这一力和能的连续体，我们提出我们的概念，建立人类理解的秩序。以这种方式出现的现实图像便是多元论的，但本质上不是原子主义的。尼采竭力调和对现实的这一阐述和他的反形而上学姿态，认为对现实的每一阐述（包括他自己的）都只是

_____

　　① 弗里德里希·尼采：《论非道德意义上的真理和谎言》，见《哲学和真理：尼采 1870 年代笔记选集》，大卫·布里茨勒译（新泽西：人文出版社国际部 1979 年版），第 83 页。
　　② 弗里德里希·尼采：《权力意志》，瓦尔特·考夫曼和 R. J. 赫林达勒译（纽约：文泰奇图书公司 1968 年版），第 1067 页。

一种"解释"。即使权力意志的世界图像也只是我们的"视角",依据这一思辨,图像才能将其理解为我们强加的意志。他据此写道:"有许多种眼光。即使斯芬克司也有眼光——因此有许多种'真理',因此也没有真理。"① 尼采学者们担心这一阐述是否能真正连贯是对的。我这里提起它也正是为了提出维特根斯坦有区别的特定姿态。维特根斯坦《逻辑哲学论》的著述和尼采的思辨没有一点类同。无论如何,我们仍可以问自己,维特根斯坦对概念的理解是否隐含类似于尼采所表达的某种观点。维特根斯坦不是也承认某种"世界图像"吗?这一图像也不是多元论宇宙的图像、四面八方延伸的相似性连续体,据此强加我们概念的确切秩序?

我问这些问题是因为很显然在我们社会政治生活中,我们总是需要运用关于现实以及我们人类在其中位置的某一图像或视角。每一政党都依据这样的图像相互联结(并定义自己)——它可以是宗教的、唯物主义的、自然主义的等。但是,这样的图像归根到底并不拥有一种形而上学吗?所有政治都基于形而上学吗?柏拉图肯定这样想。但尼采和维特根斯坦也许向我们提供不同的答案。尽管两人都拒斥作为哲学或半科学的形而上学,但他们都情愿承认,

---

① 弗里德里希·尼采:《权力意志》,瓦尔特·考夫曼和 R. J. 赫林达勒译(纽约:文泰奇图书公司1968年版),第540页。

我们的思维在所有时代都包含着对实在世界的一种"解释",或者用维特根斯坦后期的术语,即一种"世界图像"。按照他们的阐述,这一解释或世界图像从不具有科学而可验证的真理的地位。正如维特根斯坦在《论确实性》中所指出的,"我有一个世界图像。这个世界图像是真还是假?最重要的在于它是我的一切探讨和断言的基础。那些描述它的命题并不是全部受到同样的检验"(OC,第162页)。

85

这并不意味着对尼采或维特根斯坦来说这类解释或世界图像是随意的。当尼采宣布"所有'权力意志'的普遍性和非条件性"时,他补充说:"这理所当然也只是一种解释——你渴望提出这一反对意见——如此甚好。"[1] 但他同时坚持认为,到目前为止我们所采用的各种解释都已崩溃,他自己的解释是更适合我们的替代选择。尤其是按照这一解释,他希望奠定他的"伟大的新政治"。维特根斯坦也认为,我们的思维样式和语言游戏在随时代变化,某些思维方式可能证明已不可靠。"某些事件会让我处于一种不能继续使用旧的语言游戏的境地。在这种情况下,对我来说这种游戏就失去了确实性。难道这不十分明显地表示一种语言游戏的可能性受某些事实的限制吗?"(OC,第617页)

---

① 弗里德里希·尼采:《超越善恶》,R. J. 赫林达勒译(伦敦:企鹅出版公司1973年版),第22页。

人类生活形式

在维特根斯坦看来，看到事物间的相像之处和相似性正是人类生活形式的一部分，识别一群又一群盘根错节的相似性也是我们生活形式的一部分。这些能力引发我们对语言的不同使用。它们让我们组成简单的概念，我想称其为集群（cluster）概念。这一状况也解释了为什么有不同的语言游戏、不同的思想系统，甚至不同的世界图像。语言游戏、思想系统和世界图像变得不同，是因为我们能够看到或强调不同的相似性。

这一状况的引人注目之处是，它提出了两个严肃问题。第一个问题涉及人们识别相似性的界限。每样东西都可以以这种或那种方式看作与其他东西相似。那么以我们对相似性的识别为基础，这些概念间就不存在我们可以构成的界限吗？第二个问题涉及我们如何从对相似性概念的识别中构成概念。相似性毕竟是一个比较概念，总是存在着相似的程度。但是，我们的根本概念是分类性的，实质上不是比较性的。

对于第一个问题，维特根斯坦认为也许一个人看到相似性而另一个人没有。他还认为我们也许最终会看到我们前面未曾看到的相似性，另外，一个时刻看到相似性而下一时刻可能看不到。当他问自己为什么我们有一个概念而不是另一个概念，为什么我们玩这一种语言游戏而不是另一种时，他提出三种解释。第一，情况显然是，我们的语言游戏依赖于事物如何。第二，存在着人类的需要和兴趣，而这些也许会变化。第三，有我们如何看待事物的问题，而且也可能随着时间而变化。但是，我们的需要、兴趣和看待方式全都立足于人类的生活形式，这一生活形式从一个时刻到另一个时刻并不那么容易变化。维特根斯坦在其"关于弗雷泽《金枝》的评论"中生动地强调了这一点。他在那里自问为什么能理解古代神话，即使我们不再以那样的方式思考世界。他认为存在着某些共同的人类生活特征，神话赖以立足其上而我们也仍能识别它们。"跟吃喝有关的危险，不仅对原始人存在着，而且对我们也存在着；没有什么比渴望保护我们免于危险更自然的事情。"（RF，第66页）我们也可以理解，"人的影子像他自己或他的镜像，雨、风暴、月亮圆缺、四季变换、动物彼此相似和相同的方式以及与人的联系，死亡、出生和性生活的现象，总之，年年岁岁我们从周围所观察的一切，以多种方式相互联系着"，也许成为以特定方式谈论和思考的根源。（RF，第66—67页）维特根斯坦在《论确实性》中重新回到这一点，他在此写道："你必须记住，语言游戏可以说是某种不可预测的事情，我的意思是说：语言游戏不是建立在理由之上的东西。语言游戏不是合乎道理的（或者说是没有道理的）。语言游戏就在那里——就像我们的生活一样。"

（OC，第 559 页）他对此补充说，语言游戏不是来源于推理。毋宁说，我们必须把逻辑和语言的缔造者"看作一种动物，看作一种只有本能而不能进行推理的原始生物"（OC，第 475 页）。联结我们的是人类生活形式的某些根本给予。它们使我们感受不同种类的相似性，从而组成不同概念，裹入不同的语言游戏，说不同的语言，有不同的世界图像。但是，它们也限定了我们看待事物的方式。人类生活形式的这种一致，保证不同的语言游戏、语言和世界图像间有相似之处和家族相似。其结果是，我们可以认识到存在着各种不同的语言游戏、语言和世界图像。我们甚至最终能理解这些语言游戏、语言和世界图像，即使它们不是我们自己的。

我提出的第二个问题更难回答。为什么我们对相似性的认知会产生令人满意的概念？维特根斯坦没有谈及这一论题。这里尼采也许再次提供帮助。在"论真理和谎言"中，他建议从相比较到令人满意的这一转变有着实用的根据。在《权力意志》中，他甚至更有力地写道："在理性、逻辑、概念的构成中，真正权威的东西是需要：为了理智和计算的目的，需要的不是'知道'，而是摄入、图式化。"① 尽管这点还需要阐述，但这一评论仍可以帮助我们理解，对维特根斯坦来说，正如对尼采来说一样，我们准

---

① 弗里德里希·尼采：《权力意志》，瓦尔特·考夫曼和 R. J. 赫林达勒译（纽约：文泰奇图书公司 1968 年版），第 515 页。

备将事物归类为离散的单位根植于人类的需要，或者更一般而言，根植于人类生活形式。

87　　　　　　　　　集群和家族

　　家族相似概念也许方便于维特根斯坦刻画语言游戏、语言和人类生活形式的统一性和多样性。但是，它还需要更多研究，如果它想成为刻画我们生存的其他方面的有效工具的话。

　　确实有些概念应用于群组（groups）事项，只是因为盘根错节的相似性。例如，维特根斯坦也许正确地认为"游戏"就是这样一个概念。与维特根斯坦自己的术语有别，我想称这类概念为"集群概念"，将谈论它们仅仅应用于"集群"的事物。在维特根斯坦讨论家族相似的大部分时间中，他实际上讨论的是集群概念。我们的确常常使用"家族"一词等同于我所谓集群的东西。但是，有些家族（如人类家族）要多于集群。他们的成员不是必然地（或者不仅仅）通过交叠的相似性联结着，而是通过我称为松散的因果关系联结着。例如，在生物学的家族中，存在着血统的因果关系。当维特根斯坦谈到家族相似时，他似乎有时只谈论集群，而另一些时候谈论与因果关系在一起的事物。（我这里只谈论"因果群组"）那么，似乎维特根斯坦对"家族相似"一词的用法是系统的、模糊的，因为他不允许我们在集群和因果群组间做出区分。但是，当我们考察社会政治现象时，某些这类区别是根本的。

例如，试分析人类家族。维特根斯坦似乎将它们看作集群，即看作"家族相似"的个体展示，这里强调的是"相似"一词。但是这足够吗？看看生育了长相极为不同的孩子的母亲吧。新生儿也许和家庭其他成员一点都不像。不管怎样，我们将他看作家族成员的一部分。这与相似性和差异性毫无关系。决定性因素是孩子由这一母亲生产，因而生物学上与家庭的其他成员因果地关联着。那些生物学上联结着的人常常显示某些相似性，这是客观存在的，但这是他们生物学意义上的结果。我们有时可以确定两群人属于同一家族，因为他们有着外貌和行为的相似性，这同样是真实存在的。但是，这些不能界定家族的成员资格，它们只为成员资格提供证据。当然，一个人类家族的成员并不完全由生物学因素决定。丈夫和妻子组成一个家庭，即使他们通常来自不同的血统。收养的儿童属于收养的家庭，即使和家庭其他成员没有生物学的关系。在某些文化中，被遗弃的孩子或被遗弃的妻子不再算作家庭的一部分，即使他们在生物学上与家庭的成员存在着关系。这些与相似性和差异性也没有关系。人类家族概念是生物学的、文化的和法律的——因果的——概念，而不仅仅是集群概念。但是，这些在"家族相似"概念下都是模棱两可的。

或者试分析"德国人"这一概念。它是集群概念吗？

仅仅家族相似肯定不足以确定两个人都是德国人。如果我们发现另一星球的存在物与我们概念中的德国人有同样集群的相似性，那么那些外星人仍不能看作德国人。如果最终证明这些外星人实际上是某些久已失散的德国宇航员的后裔，情况当然就不同了。这样倒可以认为，共有的生物血统决定着德意志民族。肯定有这一信念广为流传的时代，但是谁会说奥托·冯·俾斯麦和我有同样的生物根基？（我现在不大可能有这一想法）然而我们都毋庸置疑是德国人。另一方面，我的一个学生在法兰克福也跟我一样是德国人，即便他的祖辈曾是土耳其移民，我们之间肯定没有紧密的生物联系。成为德国人首先是法律政治概念，其次是文化历史概念。生物因素与此可以有关也可以无关。但是，相似和这件事没有多少关系，成为德国人肯定不是集群概念。

与维特根斯坦一样，我倾向于认为"语言"的确是集群概念。请再一次想象我们正在太空旅行，遇到发声或使用符号的生物，这些符号被用作指称事物并可以做出关于事物的陈述。如果他们的实践与我们的语言行为足够相似，我们肯定想说这些火星人拥有语言表达能力。但是，对于"德语"这一概念我们能说什么呢？如果"德国"是个因果概念，而"语言"是个族群概念，我们选择无论哪种方式都可以。当尼采谈到印度、希腊和德国哲学化的家族相似时，他心中似乎有这样的复杂想法。他旨在表明，这些不同传统展示着盘根错节的相似性，想指出这些类同归结于共同的血统。

维特根斯坦使用家族相似这一概念让我们相信，"语言""命题"等这类概念不存在正式的定义。我们也许在这点上同意他的观点，但可以说这有两种不同的解释。在因果概念情况中，我们似乎没有正式的定义，因为我们无法提前说谁可以在未来被看作因果联结。因果联结关系是开放的，而涉及未来尤其如此。试分析艺术概念就是这样的词语。艺术的过程不可预测正是艺术的典型特征，我们无法预先说未来的艺术作品会是什么样的。历史概念都有这类开放性（想想"文化""宗教""政治"等），它们出于这一原因不会有正式的定义。当然，我们可以通过宣布只有这个或那个才算样品来随意地限制这一用法。但是，我们在其中使用历史文化词语投射未来的特定方式不能以这种方式来把握。当尼采在其《道德的谱系》中宣布只有非历史的东西才能被定义时，他无疑是对的。然而另外还有一种开放性，它显示于族群概念。这是维特根斯坦提醒我们注意的那种开放性，他认为在对游戏的任何考察中"许多共同特征消失了，而其他特征出现了"。维特根斯坦的族群概念的不可定义性归结于如下事实，即有关相似性的范围并未完全确定。换句话说，族群概念的开放性涉及相关性而不是未来。不管对于哪种方式，维特根斯坦认为像"语言""符号""家族""游戏""数"等词语没有正式定义则是对的。情况如此也许出于不同理由，这和他在《哲

89

学研究》和《蓝皮书》所进行的论证并不存在必然联系。对他来说，无论出于什么理由，"语言""符号"和"游戏"都属于不可定义的词语，这便足够了。但是，有关这一点，还有我们必须搞清楚的其他情况，下面便是阐述这一点的例子。

分析哲学是当代哲学的主导形式之———至少在英语世界。但是，什么才确切地算作"分析哲学"呢？似乎我们可以以两种极为不同的方式理解这一概念。我们可以将它看作一个族群概念或者因果概念。以第一种方式理解，分析哲学是与我们当今以这一名称称谓的东西有适当相似关系的每样东西。如此一来，柏拉图、亚里士多德、莱布尼茨、康德和休谟都（至少其著作的某些部分）是分析哲学家。另一方面，如果我们将"分析哲学"当作因果亲缘词语，我们将其看作特定的历史事业，那么研究分析哲学就意味着要研究一些哲学家的著作，他们在特定历史阶段生活过，彼此相互知晓、互动，他们阅读并回应彼此的著作。依赖和影响的问题便变得重要。在这一情况中，我们当作分析哲学家谈论的是弗雷格、罗素、摩尔、维特根斯坦、卡尔纳普和蒯因，而不是柏拉图、亚里士多德或者莱布尼茨和康德。

总之，我们可以说族群概念是纯粹的结构概念，属于一个族群的事物是由维特根斯坦称为家族相似的一个共同特征刻画的。这一特征有三个特点。第一，平凡的事实是，家族相似群组中的每个成员都与自身处于家族相似关系之中。第二，如果 A 与 B 属于家族关系，那么 B 与 A 也属于同样的家族相似关系。第三，如果家族相似群组中的 A 和 B 属于家族相似关系，而同一群组中的 B 和 C 彼此也恰好处于家族相似关系之中，那么 A 和 C 也处于这一家族相似关系之中。但是，第三个命题只有在这些条件下才成立。如果 A 和 B 属于一种家族相似关系，而 B 和 C 属于另一种家族相似关系，那么 A 和 C 当然就不会处于同一家族相似关系之中了。更一般而言，我们可以说家族相似是一种反射的、对称的和传递的关系。这立刻使我们明白了为什么家族相似或族群概念不足以分析社会历史现象了。实际情况是，历史的、时间性的和因果的概念明显不全是反射的、对称的和传递的。我们没有前面一些概念可能也不行。像我们这样的物种毕竟是自然进化的产物，作为 21 世纪的人类，我们站在特定的历史、文化、经济和政治发展阶段的末端。自然世界的力量不断凌驾于我们之上。作为行为者，我们依赖因果规律，并利用关于它们的知识。我们在时间中存在，依赖于自己对过去、现在和未来的不同感觉。我们究竟对谁而言出生、活着和死去是根本性的；我们的经验和思想的眼界是由我们生存于其中的时刻决定的。

    维特根斯坦对待我们生存的这些方面的态度在很大程度上是善意的忽视，这在他的早期著作中最为明显。在他 1916 年的笔记中宣布"历史与我何干？我的世界是首要而

90

唯一的世界"，经由毁灭性条件下写作《逻辑哲学论》的超然，早期维特根斯坦展示了完全非历史态度的判断。当然，20 世纪 30 年代情况发生了变化，因为受弗雷泽的《金枝》和斯宾格勒的《西方的没落》的影响。但是，即使这样，他仍坚持以结构性词语而不是时间因果词语对待历史现象。在"关于弗雷泽《金枝》的评论"中，他写道："历史解释，作为一种发展假设的解释，只是积累资料——关于资料的概要——的一种方式。正是在其彼此联系中才有可能看到资料，才能以一般图像包容资料。"（RF，第 69 页）显然从这一评论的调子看，他很赏识后一种方法。

维特根斯坦反对做历史的（即发展的和因果的）解释是他看待人类行为方式的结果。他在《蓝皮书》中告诉我们，在问题"他为什么以如此这般的方式行动"中"为什么"一词是模糊的。它也许是关于行动的原因，也可能是关于行动的理由。他认为，这两种情况必须坚决分开。这一观点尚有争议，但是维特根斯坦这样主张基于两点：（1）即使因果链不确定地回溯，理由链也总是走向确定的结局；（2）我们对自己行动的因果知识总是假设的，而我们对自己行动的理由知识是及时而明确的。在《褐皮书》中，他据此得出结论："对于一个人为什么以特定方式行动，给出理由的游戏并不包含发现其行动的原因。"（BB，第 110 页）。在其他地方他补充道："在一个命题中，我们的信念的原因确实与我们相信什么这一问题无关。而根由不是这

91

样，它们与命题在语法上联结着，并告诉我们这命题是什么。"（Z，第 437 页）乍一看很有道理，但我们忘记了，当我们从某人那里知道他曾学会说的语词时，我们通常能说的只是某人所信的东西。维特根斯坦对人类行为因果解释的最尖锐的反对意见见另一评论："在我看来没有什么比如下推断更加自然的，人脑中不存在与联想或思考相关联的过程……就是说，为什么这种秩序不是产生于混乱？"（Z，第 608 页）他将这一可能性与思想比较，"有机体很可能毫无原因地从一堆不定型东西中产生"，然后总结这一评论如下："说这点不那么适于我们的思想，从而不适于我们的谈话和写作，便毫无理由。"（Z，第 608 页）这样，当涉及历史事实时他也应摆脱假设的、因果的解释，便顺理成章了。在"关于弗雷泽《金枝》的评论"中，他下结论地认为，"假设性的连接在这种情况下只不过是直接注意这些事实的相似性、关联性"，我们之所以关注这一点"只是为了我们更好地看清一种形式的联系"（RF，第 60 页）。当然，问题是这样一种方法论如何可行。

当再次注视他在 1931 年关于斯宾格勒所说的话时，我们才真的切中了要害。维特根斯坦认为，我们可以将文化时代与家族比较，"在一个家族内存在着家族相似，尽管你也会发现不同家族的成员间的相似"。但我们从后一情况能期待怎样的相似？回答肯定是，不同家族的成员也许通过一连串重叠交错的相似彼此联结，继而通过家族相似联结到每一成员。结果便表明，维特根斯坦以两种不同方式使用着"家族相似"一词。在第一种即关于斯宾格勒的评论所涵盖的用法中，家族相似意在刻画同一家族成员间的关系，使他们成为一个家族的因素。在第二种用法中，家族相似与家族同一性毫无关系；相反，它刻画不同家族的成员间也能具有的相似性。由于我们在两个不同含义上使用"家族"一词，混淆便产生了：一次刻画亲缘分组（一种因果群体），另一次刻画相似性分组（一种集群）。歧义深植于我们对"家族"一词的日常使用，当各类词典将家族刻画为"有同一来源或相似特征的一组事物"时也有所表现。

在描述他通过家族相似意指什么时，维特根斯坦使用了第二个词语，不幸的是它与"家族"一词有着同样的歧义，这个词是"Verwandtschaft"（亲属、亲缘关系）。于是他写道，我们称为语言的现象没有什么共同之处，但"彼此关联［verwandt］着"，正是"因为这一亲缘关系或这些亲缘关系［Verwandtschaft, oder diese Verwandtschaften］"，我们将其都称为"语言"（PI，第65页）。不同于（或至少更强烈于）英语"relationship"，德语"Verwandtschaft"有两种含义。一方面它和"相似性"一词多多少少相近，另一方面它还指血缘关系和共同血统。在每一情况中很难说维特根斯坦使用"Verwandtschaft"一词是两种含义中的这种还是那种。但是他的例子表明他并没有分清。例如，当他坚持认为在游戏中"我们将看不到所有活动的共同之处，而是相似性、亲缘关系［Verwandtschaft］和一整系列的这类东西"（PI，第66页）时，词语"相似性"和"亲缘关系"可能两次直接表达同一观念；但也有可能维特根斯坦干脆诉诸我们的直觉，认为游戏是一些相互产生的活动。当它类比人类家族时，亲属意义上的"Verwandtschaft"肯定不能依据"家族成员间的各种相似性：身材、面相、眼睛的颜色、走路的姿态、脾性，等等"（PI，第67页）来确立。

方法论多元论一例

亲缘关系和相似性概念在我们的思维中都占有地位。历史上我们不仅关心发掘这种或那种相似性，还不断建立真实关联、因果联结、从属关系和"影响"。相似性词语证明不足以承担这类任务。可见，因果词语和亲缘词语的重要性是在我们讲述哲学史时，而不在我们比较不同的哲学思维类型时。因果词语和亲缘词语的重要性同样是在艺术史上而不是风格比较上，它们也在文学史上而不是比较文学上起作用。

但是，一个词语不管作为因果/亲缘关系词语还是作为集群/相似性词语，地位都不是一劳永逸、固定不变的。从亲缘关系开始的词语在我们的使用中可能最终变成一个相似性词语，反之亦然。依据亲缘、血统、演化、家族树等

进行思考可以满足一定的智力需要。可是一旦我们以这种
方式确立了关联和描述，我们便转而注意所描述现象领域
的相似性和差异点。这促使我们忽视历史语境和原因、血
统问题、家族树，也许可以打开看待事物的新方式。例如，
起初可以合理地将我们的语言概念看作一个亲缘关系概念。
古希腊人肯定自称，只有他们及其亲属才说真正的语言，
其他都是不连贯的噪声。但对我们来说，当今的"语言"
93　毫无疑问是相似性和集群词语。任何与语言看起来、听起
来或功能上相像的东西在我们看来都是语言。我们可以说，
现象学在这里胜过了谱系学。

　　然而，相似性概念也可能慢慢变成因果概念。当我们
说到印欧语系的家族树时，认定这些语言相互产生时，认
定它们将我们带入共享的文化（也许甚至是生物）遗传时，
我们这样认定是因为语文学家已发现各种印欧语音间的相
似性。"印欧语系"一词因而从一个相似性词语演化为一个
因果和亲缘词语，而该演化标明我们理解的进展。当我们
不只依据相似性而且依据更丰富、更诱人的因果秩序词汇
时，我们对现象的把握才更为坚实。我再举个说明这点的
例子结束这章。比如说，对我们来说表达颜色的词语几乎
总是相似性词语。黑是看上去黑的东西，蓝看上去与蓝相
似，红也与红相似。但是画家知道，有些黑调自蓝，而有
些黑调自红。任何知道这些衍生关系的人开始以新的方式
看黑本身。例如，他将识别出冷色黑和暖色黑间的关系和

区别。对因果亲缘关系的识别可以导向对相似性和差异点的更敏锐感知。当然，反过来亦如此。当画家的视觉区分能力锐化时，他也可以学会以新的不同方式调制和混合颜色。

95 第六章 我们不可综览的语法

从概览到画集

当维特根斯坦于 1933 年思索《逻辑哲学论》时，他告诉其学生：一本哲学书的开头和结尾真是"一种矛盾"①。当然，《逻辑哲学论》两者都有：一个关键性首句和一个同样关键性尾句。但是，他现在认为，仅当一个人对事情有着全面的"概览的"（synoptic）眼界时，这样一本书才有道理。当他这样说时，他显然不认为自己具有这一看法或者在写作《逻辑哲学论》时有这一正确的概览眼界。

从准备《逻辑哲学论》第一条记录起，寻找一种概览的看法一直萦绕在维特根斯坦心中。1914 年 9 月 21 日他在其战时笔记的第一条写道："昨天我工作很多，但不是特别满意，因为我缺乏正确的综观［überlick］。"（GT，第 24

---

① "黄皮书"，见《维特根斯坦 1932—1935 年剑桥讲演集》，爱丽丝·安姆布鲁斯编（芝加哥：芝加哥大学出版社 1979 年版），第 43 页。

页）。四天后他写道："我仍然缺乏一种综观（overview），正因为如此，问题似乎不可综览［unübersehbar］。"（GT，第 25 页）又过了四天后写道："我仍然看不明白，也没有一种综观。我看到细节，却不知道它们如何融为整体。"（GT，第 25 页）两个月后他又写道："视野［Sehen］还是不清晰，尽管我正站在解决最深刻问题的前沿，以至于鼻子都碰着它了!!! 我脑子现在简直笨极了。我觉得我正站在门前，但无法看得更清，能够去打开门。"（GT，第 43 页）可是，这些挫折感并没有阻止他完成其著作。当他将《逻辑哲学论》汇集起来时，他一定感到——至少那一刻——自己找到了以前缺少的概览的眼界，正如前言所说的，他现在能确切地处理"哲学问题"，它们"已经在根本上彻底解决了"。

但是，1929 年重返哲学后，他发现自己不得不重新考虑获得这一眼界的可能性。现在问题产生于他如下的新观点，即哲学的任务是要处理"特定的错误或'我们思想中 96 的麻烦'……因为我们对表达式的实际使用产生虚假的类比"①。聚焦于特定的错误和表达式的特定用法，便要求更多关注思想和语言的细节而不是宏大的综观。用维特根斯坦的话说，如果这一探究中有什么概览的话，它也是"对

---

① G. E. 摩尔：《维特根斯坦 1930—1933 年讲演》，见《哲学文集》（伦敦：阿兰和尤文出版社 1959 年版），第 257 页。

许多琐碎事情的一种概览"①。那么，是不需要获得全面的哲学综观吗？他仍然认为我们对哲学的不安"无法解除，除非我们具有对所有琐碎事情的一种概览。如果对概览必要的一个事项还缺失，我们仍觉得某处有错"②。换句话说，正如他在《蓝皮书》中所说的，留下这样的感觉，即"没有哪个哲学问题能解决，除非所有哲学问题都被解决；这意味着，只要它们没有全被解决，每个新的困难都使所有以前的成果变得可疑"（BB，第 44 页）。但是《蓝皮书》也暗示，我们自己可以满足于其他东西。维特根斯坦现在认为，哲学工作事实上不得不与图书馆排列书籍相比。即使我们的最终目的也许是排放书籍的完整顺序，我们实际上能做的也只在于"拿起看上去属于一起的一些书，把它们放在不同书架，它们的最终位置不过是不再挨着排放"。他补充说，哲学上的某些最伟大成就也不过如此。面对我们拥有概览眼界的强烈愿望，哲学中的困难在于"不比我们知道的说得更多"（BB，第 44—45 页）。

1914 年，他谴责自己由于自身局限而不能获得恰当的概览眼界。现在，他认为该问题是哲学本身固有的。他对学生们说："我们遭遇的困难是，我们应该面对一个国家的

---

① G. E. 摩尔：《维特根斯坦 1930—1933 年讲演》，见《哲学文集》（伦敦：阿兰和尤文出版社 1959 年版），第 323 页。

② 约翰·金和戴斯蒙德·李：《维特根斯坦 1930—1932 年剑桥讲演集》（芝加哥：芝加哥大学出版社 1980 年版），第 34 页。

地理，对此我们却没有地图，或者只有孤立点的地图。"①
这迫使人们在大地上来回行走，以便发现各地是怎样彼此
联系的。"所以我建议把重复看作审视这些联系的方式。"
（BB，第44—45页）《哲学研究》的前言再次将哲学与未
绘图的国家加以比较，他写道，对"意义、理解、命题、
逻辑等概念，数学基础、意识状态，等等"的反思，迫使
他"在各个方向上纵横交错地穿行在一片广阔的思想领地
上"。依照这种方式，他确信获得一系列说得过去的"风景
速写"，但他无法给他的思想"违背其自然趋向的单一方
向"。他补充说，这"当然是与研究的性质密切相关的"。
他现在令人沮丧地承认，与《逻辑哲学论》不同，他的新
书其实"只能是本画集"（PI，ix）。

　　这是否过谦？的确，《哲学研究》文本没有明确的开端
和关键的结尾。它随意地以一段引语和对所引观点的批判
开始，以没有明确标记的论证结束。读者也可能有在各种
微小问题的迷宫中走失的感觉。（小孩如何学会计算？我们 97
大声读一篇文本时会发生什么？我们如何谈论自己的疼
痛？）正因如此，难以用无所不包的单一论题总结该书。人
们必须认真注意文本的详细情况，最仔细地省察维特根斯
坦的个别观察和评论。但难以避免这样的印象，即他仍留

----

　　① "黄皮书"，见《维特根斯坦1932—1935年剑桥讲演集》，爱丽丝·安
姆布鲁斯编（芝加哥：芝加哥大学出版社1979年版），第43页。

下这种或那种全面的眼界。他是否不在一般词语上谈论
"语言""意义""规则""意识""思想"等？关于哲学和
人类思维的混淆，他是否不怎么经常从细节返回到一般论
断？他毕竟没有向我们提供关于整个人类生活形式的特定
的概览视界？我们如何将这一对概括的明显渴望同维特根
斯坦自己对特定情况的决定性热忱融合起来？

"我找不着北"

20 世纪 30 年代早期，维特根斯坦偶尔用"现象学"称
呼自己考察语言特定用法的方法。他用这一词语意在既区
别于带有解释性预测理论的经验科学，也区别于《逻辑哲
学论》的逻辑纯粹主义。《哲学研究》中显然仍使用了同样
的概念，他在那里写道："哲学只是把一切摆到那里，既不
解释也不推论。"（PI，第 126 页）"我们必须丢开一切解
释，只用描述取而代之。"（PI，第 109 页）但到这时维特
根斯坦已避免使用"现象学"一词。相反，他将哲学刻画
为提供"有关人类自然史的评论"（PI，第 415 页）。借用
"naturgeschichte"一词的较古老含义，其中对夜空的描述可
以被称为"星空的自然史"[①]，换句话说，他再次将哲学刻

---

① 例如，弗兰茨·格鲁图伊森的《星空自然史》（慕尼黑：E. A. 弗雷
斯曼出版社 1936 年版）。

画为一项描述事业。可是他还要确信，没人认识到他在提供全面的现象学。相反，他现在将哲学局限于有关自然史的评论。即便这一刻画，他在后面警示说"我们也可以为了自身目的发明虚构的自然史"（PI，第 230 页）。他所推崇的这种哲学并不旨在详细地描述"我们对表达式的实际使用"，而是要扩展到对发明的——即虚构但可能的——情景（比如 PI 第 2 节相象的语言游戏）的描述。

从 20 世纪 30 年代起，他宣布这一描述的目的旨在通过使语言和思维明晰来消除我们交流和思维中的"困惑"。支撑这一计划的观点是，哲学问题产生于我们未能对语言和思维中利害攸关的东西有一清楚的看法。换句话说，它们是混淆问题而不是忽略问题。我们可以在此将哲学与拼图相比较。即使我们面前摆着拼图的所有碎片，也许出于种种理由我们仍不能将其摆出连贯的图画。如果碎片的数量巨大，我们便容易失去对它们的综观；碎片看上去很相似，但证明不可互换；当我们试图将其关联起来时，错误的开头便阻止我们继续摆下去；关于拼图的先见可能阻碍我们实际解决它，等等。在维特根斯坦看来，有很多东西阻碍我们看清哲学问题。其中之一是，"我们思维中的理想"可能变得"稳如磐石"。"这想法像我们鼻子上架的一副眼镜，我们要看，就透过它看。我们简直从未想到过把这副眼镜摘掉。"（PI，第 103 页）两个表达式明显相似的形式诱使我们做出错误的类比。他还说道："被我们语言形式吸收的

98

某个譬喻造成一种假象，这种假象使我们不安。'不是这样的！'——我们说。'但它只能是这样！'"（PI，第112页）或者，我们像捕蝇瓶中的苍蝇。我们往往想不到的是，出去的路需要往回退而不是硬往前飞。结果迷路了。我们可以更一般地说："哲学问题具有这样的形式——'我找不着北'。"（PI，第123页）

语法问题

哲学的关键困难最终证明是"我们的语法缺乏综览"。（PI，第122页）为了探知这一困难的性质，我们必须晓得，"语法"这里指的不是抽象语法规则的系统，而是我们语言实践更为一般的组织模式。正是我们语言游戏的这一实际结构或秩序证明语法是不可综览的（unsurveyable）。实际上，我们不应该只考虑语言和语言游戏。人类的生活形式——社会、文化、历史方面的——每个都有其语法，而每个这类语法我们都必须说它缺乏综览。

举个一般的例子进一步说明这一抽象看法吧。很多个早晨当我迈进办公室时，绝望地看着自己的桌子，上面摆满了各种纸张。鼓起的纸堆包括各种东西：学生论文（部分已读）、笔记、信件、文件、通知等。显然我的文案一团糟。用一个没有准确英语对应词的简便德语形容，桌子上的东西已变得完全不可综览（unübersichtlich）。（我有时想，简直需要一个民族去致力秩序观念，以便于用精确的词语描述对我们来说失去秩序的东西。）

维特根斯坦在《哲学研究》第122节把我们的注意力引向这类总体，他在那里写道（用我自己的译文）："我们无法综览语词的用法……我们的语法缺乏这种综览。"因为他将语言置于整个人类生活形式的中心，因而我们的生活形式也是不可综览的。难怪对他来说不可综览的整体提出 99 了"根本重要的"问题。我们无法综览我们语词的用法，他的确认为我们的语法、语言、生活形式是"我们缺乏理解的主要根源"。他继续指出，我们需要"一种综览的再现"①，它能够产生"恰恰在于'看到联系'的理解"。他补充说，一种综览的再现"标示着我们的再现形式，我们看待事物的方式"。他以有些疑惑的问题结束这一节："这是一种'世界观'吗?"

这一节的确有很多令人疑惑的地方，这也是它难以翻译的一个原因。我们的英文版本确实不令人满意，所以在第122节总结之处，我发现不少地方需要修正翻译。但是，即便是德语原文，我们同样会遇到重重困难。一方面，维特根斯坦从未向我们解释他用"übersichtlich"意指什么。尽管第122节显然标志着他的思维的关节点，但他以完全非

---

① 德文词是 Die übersichtliche Darstellung，在《哲学研究》第一、二、三版中英文词都是 Perspicacious representation，第四版改成了 survayable representation。——译者注

正式的形式使用"übersichtlich"一词。事实上该词及其同源词在整个《哲学研究》中只出现过 7 次，而其中 4 次都在第 122 节。维特根斯坦著作的其他地方大量重复出现该词，表明该词很重要。而且它属于引人注目的词汇，出现在维特根斯坦从《逻辑哲学论》到后期笔记的各处文献。和其他地方出现的该词一样，维特根斯坦几乎总是以比喻方式使用"übersichtlich"一词。他只是偶尔在字面意义上使用该词。例如，他把颜色八面体看作我们颜色概念"语法规则的一种综览再现"（PR，第 52 页）时就是如此。颜色八面体肯定是一种视觉对象，我（多少）瞟一眼就可以看到各种颜色。类似地，当他在《关于数学基础的评论》中写道"数学证明必须可综览"（RFM，第 143 页）时，维特根斯坦有时似乎脑海有一种可概略地写在一页纸上的证明。但不是每种数学证明都是这种类型。当他非正式地宣布，每个数学证明都必须是可综览的时，他一定以比喻形式使用该词。断言我们的语法缺乏综览，也是如此。我们语言的语法肯定不是像我的桌子那样的视觉对象。也许维特根斯坦通过这一评论想说的只是，我们的语法不是以我们完全掌握或者我们可轻易或可直觉上接近的方式组织起来的。例如，在他的比喻意义上我们可以说，伯克利图书馆中各类书籍的排列是可综览的。这并不意味着我们瞟一眼就可以看清楚；它只意味着，有一种可把握的组织系统，使我们能轻易地找到书籍。如果我们理解这一系统，哪个书架可以找到一本书就不再会混淆。

下面是维特根斯坦自己在讨论弗雷格和罗素的逻辑中出现的矛盾问题时所说的话。在《哲学研究》第 125 节，100 他写道："借助数学或逻辑数学的发现去解决矛盾，这不是哲学的事业。哲学的事业是让困扰我们的数学状况、让矛盾解决之前的状况变得可以综览。"换句话说，他认为弗雷格和罗素对产生矛盾的数学并没有完全清晰的看法。这正是他们对这些矛盾感到惊奇的原因。他们为其演绎系统制定规则，当他们应用这些规则时，事情并不像他们预测的那样。维特根斯坦认为，我们需要理解陷入自己规则的这种特定情况。从上下文看，他显然不是说我们一眼就可以直接看出我们陷入这些规则，他指的毋宁说是我们自己可以使这种陷入的性质看上去更为明了。

然而，人们为什么认为语言的语法应该像良好排序的图书馆那样看上去明晰？任何和第二语言战斗过的人都知道，语法多么模糊、多么随意、多么高深复杂。当维特根斯坦学习英语时，他不知道这一点？当观察到我们的语法缺乏综览时，令人惊奇的和哲学上有趣的是什么？回答是，《逻辑哲学论》的维特根斯坦一度认为，我们语言的逻辑直觉上清晰，在这一意义上是可综览的。这正是为什么他在那时认为我们语言的逻辑显示自身，因而逻辑中没有什么令人惊奇的东西。（TLP，6.1251）可见，维特根斯坦对我们语言缺乏综览的观察始终指向《逻辑哲学论》的语言和逻辑概念。

对维特根斯坦来说，从我们的语法不可综览的发现中得出什么启发？早在《哲学研究》第 5 节他就写道，语词意义的通常概念形成了多浓的一团雾气，使我们无法看清 [das klare Sehen] 语言是怎么起作用的。而在某些运用语言的原始方式那里，我们可以清楚地综览语言的目的以及语词是怎么起作用的；因此从这些原始方式来研究语言现象有助于驱散迷雾。向我们显示语言的这种原始运用正是维特根斯坦在《哲学研究》中构造的简单语言游戏的功能。我们还可以用维特根斯坦在 1914 年开始的笔记的一条评论阐述这点。他在那里写道："在命题中我们试验性地把一个世界组合起来（就如巴黎法院用模型等来表示一次车祸那样）。"（NB，第 7 页）法庭在这里将事故的物理模型用作实际情况的再现，实际情况我们无法再直接触及，因而不可综览。另一方面，模型在直截了当意义上可以综览，我们能仔细地看着它，一眼就看到它的整体。模型以当下直观的方式再现各种事项（车、人、房子等），它们被假定卷入这场事故，而模型空间上再现所设想的实际关系。而且，模型相对持久，可以从不同角度加以研究，而事故本身瞬间发生，现场的不同人很可能得出不同看法。通过去除事故中无关的东西，模型最终将我们的注意力集中于事故中本质性的东西。因而模型提供给我们本来不可综览的情景的完全可综览的再现。

我之所以选择这一特定例子，是因为如果我们想理解维特根斯坦在《哲学研究》第122节所说的话，那么它提供给我们需要搞清楚的一种区分。这是（a）本身可综览的东西和（b）具有可综览再现的东西之间的区分。在汽车事故的例子中，显然法庭模型提供了可综览的再现，但就过去无法复原并且即便发生的当时也无法完全综览而言，事故本身无论如何不可综览。再次分析我的办公桌，我能轻易画张图，清晰地显示被标识和组织的纸张。但通过这一综览的再现，桌面一点也不会变得更有组织，它和以前一样不可综览。当维特根斯坦在第122节中指出我们的语法缺乏综览时，他指的并不是我们的语法缺乏综览的再现。当他补充说我们需要综览的再现时，他并不是想说这将使语法本身可以综览。宁可说，综览的再现之所以需要是因为我们的语法一直是不可综览的，正如我们需要可综览的法庭模型是因为事故本身一直不可综览那样。换句话说，综览的再现可以具有各种功能。在最简单的例子中，它们可以提供本身不可综览的一个总体的再现。综览的再现还可以用作一个计划，使一个总体可以综览。第三也是最后的功能，即哲学上最为重要的功能是，综览的再现可以用作工具，去处理那些本来就不可综览的整体。

法庭模型让我们注意到这样的危险，这一危险是为不可综览的整体构造综览的再现这一方法论本身所固有的。因为我们的模型也许实际上误现了事故的相关特征，它也许过于简单从而歪曲了实际情况，它也许再现了不能准确反映事故责任的特征而将关键因素弃置一旁。因而我们应对语法的不可综览的手段同时也可能是误解语法的手段。因为当我们构造本身不可综览的某种东西的综览模型时总有一种危险，即模型无法捕获不可综览的总体的重要特征。所以，《逻辑哲学论》曾竭力使语言的运行清晰可见，但它事实上只考虑了语言非常特定的有限使用。在《哲学研究》中维特根斯坦写道，《逻辑哲学论》形成公式"事情如此这般"，仿佛它就是命题的一般形式。（PI，第114页）但是，这种"综览的再现"制造了关于语言和意义的歪曲图像。

102　　为了避免这种误解，我们必须理解综览的再现如何能帮助我们应对不可综览的语法。这些模型在每一情况中都只提供我们关于语词的特定的和"原初的运用"。这正是为什么它们既证明富有启发也证明导致误解。构造"综览的再现"的方法因而不是完全可信的。我们只有理解这一点，才能对《哲学研究》第122节的后半部分有个恰当解读。维特根斯坦在那儿似乎认为我们可以对语法拥有完全综览的再现。但是，当他写道"综览的再现这个概念对我们有根本性的意义，它标示着我们的表现形式，标示着我们看待事物的方式"时，我们不应不假思索地假定，他甚至将自己包括进"对我们"和"我们的"。毋宁说他在说，在我们当代文化中，对我们现代人来说，显然我们可以以综览形式再现一切。这一假定对于我们如何看待世界是根本性的。这同一假定对于《逻辑哲学论》的作者曾如何看待世界也是根本性的。它也许的确表达了独特的现代世界观。因此，第122节的结尾问题是："这是一种'Weltanschauung'吗?"

但是，围绕"Weltanschauung"一词的嘲弄引用应该警示我们这样的可能性，即维特根斯坦想使自己和这一特定世界观保持距离。这种猜测得到第122节1931年更早版本的确证。在其"关于弗雷泽《金枝》的评论"中，维特根斯坦已经注意到综览再现概念具有"对我们而言"的重要性，但他结束那一段不是以括号问句"这是一种'Weltan-schauung'吗"的形式，而是以直截了当的轻蔑句子"一种类似的'Weltanschauung'显然是我们这个时代的典型"（RF，第69页）。以前他将"我们的文明"谴责为萦绕着进步和筑造的观念，该评论反过来加以修正。对比欧洲和美国的伟大潮流，1930年维特根斯坦写道，他本人只关心"明晰、清楚［Durchsichtigkeit］"（CV，第7页）。此后不久，他肯定地得出结论：完全清楚本身便是不可靠的理想。因而《哲学研究》第122节必须看作如下观念的一种批判，即我们的语法或任何其他东西可以有完全综览的再现。

如果构造完全综览的方法既有用也危险，那么问题便是我们如何有效地使用它。《哲学研究》的实践所提供的答案是，对每个可综览的总体来说，我们必须生成数量巨大的不同综览再现，而不是像《逻辑哲学论》所做的那样只有一个。依照《哲学研究》第 5 节，我们必须看到各种"运用的原始类型"和各种"语言的原始形式"（注意两个词语的复数）。对于《哲学研究》前几节所描述的大量"清

103 楚简单的语言游戏"，维特根斯坦还写道，它们"并不是为将来给语言制定规则所做的预备性研究——仿佛它们是向充分的规则走出的第一步，暂不考虑摩擦和空气阻力。毋宁说这些语言游戏立在那里作为参照物，它们将通过相似性以及相异性来帮助我们领会我们的语言是怎样一种情形"（PI，第 130 页）。而"语言的本质"便在这些相似性和相异性中显现出来。

根本的复杂性

我们通常一眼便可以看清一种情况，当它足够简单时。如果屋里只有三个人，我进去扫一眼便可以综览整个情况。但是，如果屋子拥挤，有几十个人，我便不可能立刻搞清楚正发生什么事。然而，即便现场只有三个人，我也会觉得情况模糊。譬如我打断了正在热烈争论的三个人，或者当我进屋时出现尴尬的沉默。最后，我也无法一眼看清变化无常的情况，比如说人们在屋子不停地进进出出。

当维特根斯坦谈论我们语法的不可综览时，他心中似乎有如下三个特征。我们的语法不可综览，因为它如此复杂，因为其用法如此模糊，还因为它反复无常。他在《哲

学研究》第23节中强调这些特征，他在那里问道："句子
的种类有多少呢？"他对此回答："这样的种类多到无数，
我们称为'符号''语词''句子'的，所有这些都有无数
种不同的用法。这种多样性绝不是什么固定的东西，一旦
给定就一成不变；新的语言类型，新的语言游戏，我们可
以说会产生出来，而另一些则会变得陈旧，被人遗忘。"在
《哲学研究》第18节，他增加一个例子，坚持几乎同样的
观点："我们的语言可以被看作一座老城，错综的小巷和广
场，新旧房舍，以及在不同时期增建改建过的房舍。这座
老城四周是一个个新城区，街道笔直规则，房舍整齐
划一。"

　　类似我们的语法那样不可综览的整体的一个特征是，
它们包含大量的事项。当然这还不是充分条件。如果我的
桌上堆着一大堆纸，但它们可以是同样型号整齐扎在一起
的白纸。不可综览的总体的第二个特征是，其中的事项处
于极为不同的类型，以多种方式彼此联结着。这肯定适合
我的桌面以及我们的语言。在我们的语言中，正如维特根
斯坦提醒我们的，存在着不同类型的句子、不同类型的用
法、不同类型的"房舍"。他对此补充说，语言的不可综览
还因为（正如我的桌子，新纸张一直横七竖八，而旧纸张
到处乱扔）我们的语言不是封闭的总体。语言的新类型和
新用法不断出现，而旧的类型和用法还横在一边。因此我 104
们总结出不可综览的总体的三个特征。但是，三个特征没

有哪个是成为一个不可综览的整体所必需的。一个总体只由几个事项组成，但如果这些事项通过非常复杂的网络联结着，该总体仍可能是不可综览的。因而足球游戏也许证明是不可综览的，即便每一方只有 11 名运动员。即使组成一个总体只有少数事项，这些事项也以相对简单的方式联结着，该总体仍可能是不可综览的，如果其构成事项不稳定的话。混沌的事件便典型地不可综览。一方面，即使一个封闭的总体也许也可证明不可综览，只要其中的事项数量足够大，或者事项间有着足够多的不同关系。这正是一门僵化的语言的语法可能与一门鲜活的语言的语法一样不可综览的原因。

我将有这三个特征的总体或整体称为"根本上的复杂体"，有时称为"复杂体"（complex）。这使我在不可综览的东西的认知条件和变得不可综览的特征间做出区分——维特根斯坦没有清楚地区分这两件事。我们可以说，复杂性说明不可综览的认知状况。我当然意识到，"复杂体"一词在日常语言中没有十分确定的意义，没有哪个理论家对其复杂性意义做过精确刻画。一个总体多大便一定成为复杂体，复杂体必须包含多少类的事项，事项间的关系必须有多么复杂，总体必须有多么开放？也许必须在复杂的程度以及复杂的类型间做出区分。例如，物理宇宙非常大，但我们仍可以对其某些特性构建一个综览的再现，这正是我们能形成既有解释力也有预测力的物理学一般规律的原

因。另一方面，人类世界只是物理宇宙的一部分，但因为
我们热衷于大量的多样性和变换关系，人类世界证明是不
可综览的。正因如此，我们觉得自己不可能形成人类学的、
社会的或历史的规律。最终，生物学落入这两种情况之间。
涉及生物学的事实可以完全综览，但生物演化的实际过程
也许不可综览。

语言实践

　　但是，如果我们缺乏对语言语法的综览，我们如何交
流？我们如何在自己的社会、文化以及（最一般而言）人
类生活形式中定位，如果它们也缺乏综览？我们不是对语
法有把握，才使我们可以流利地说话吗？我们不是对人类
生活有理解，才使我们如此这般地活着？

　　关于我们如何对缺乏综览的总体有一种把握，有两个　105
合适的答案。第一个由我的桌上的情况提供。依照一定计
划分类整理桌上的纸张，我毕竟可以组织它们——按照既
定的意愿、时间和精力。换句话说，不可综览的秩序变得
可以综览。但是语言（更一般而言，人类生活形式）向我
们展示不同的问题。我们当然可以考虑改革语言，以便于
它变得更可综览。事实上这样的改革在不断制定或提议。
经常不断地有人竭力构造一种简单透明的语言，去替代我
们生活中复杂的语言。但这样的努力从未成功。出于各种

原因，我们最终还是使用生活中复杂而不可综览的语法。我强调这一点是因为维特根斯坦对这一点可能有所误解。在《哲学研究》第 92 节，他认为像我对待我的纸张的不可综览所建议的，我们似乎可以以同样方式对待语言的不可综览。他在那里提出错误的看法，即"语言的本质"是"潜藏在表面之下的"东西；他补充说，这一看法"并未将本质看作已经敞亮的、经过整理就可以综览的东西"。他的意思是否指我们可以通过识别使语言可综览，就像我对桌子上的纸张所做的那样？这当然不是他得出的结论，因为他还认为"哲学不可用任何方式干涉语言的实际用法"（PI，第 124 页）。在维特根斯坦看来，哲学家的任务肯定不是以综览的名义改革或重新组织语言。

　　建议用另一种带有可综览语法的语言代替我们所使用的语言（比如用世界语或一种逻辑记号代替英语）肯定要面对两个主要障碍。第一是我们不得不用已经知道的语言解释新的语言，而后者已认定不可综览，还不清楚新语言会是什么样子。我不确信这一障碍有多严重。我们不是已发明各种可综览的记号系统（在数学、逻辑、科学、技术和商业中），并通常依照我们不可综览的日常语言解释它们的用法吗？我们不是一直从混沌中建立秩序、从模糊中制造清晰、从不可综览中形成可综览吗？新的记号无法从旧的记号直接翻译，当然也是真的。它无法使我们原有语言的不可综览消失。所以问题依然是，我们如何去把握那种原初而不可综览的语言。但是，如果新的可综览记号是原有语言的准确替代，我们为何还要烦恼？只是任何这类新记号的替代作用实际上不是一直局限于狭隘的有限条件吗？

由此将我推向对如下观念的第二个且更严肃的反对，即我们无法用可综览的语言代替不可综览的语言。我们当然可以发明一种比英语更简单、语法更明了的语言，但当维特根斯坦说我们语言的语法不可综览时，他的意思并不是其句法不可综览。相反，他使用"语法"一词指向我们使用语词的整个系统。同样，当他使用"语言"一词时，他指的不只是有着精确规则的记法系统，而是使用符号的整个活动。我们是否能发明一种语言，它既在广义上满足语言的所有用途，又有可综览的语法，这一点还远不确定。这暴露了语言学家们的反对意见，他们认为，在我们语言不规整的表层结构之下隐藏着精确而完全规整的句法，而这一深层句法结构甚至可能天赋于人类心灵。维特根斯坦的看法绕过这一反对意见。我们既可也不可主张我们的语言有着可综览的深层结构（这一假设让我觉得随意）。但是，维特根斯坦的观点肯定有一定道理。这样的句法无法独自决定我们在言语习得中如何使用句法。当维特根斯坦说这一使用系统不可综览时，他肯定是对的。

通过为不可综览的总体建立一系列可综览的再现，究竟能得到什么？这些模型和总体之间的关系如何？对此可以有两种极为不同的回答。第一种是许多可综览的模型中每一个都再现我们要面对的总体的一部分。就此而言，不可综览的总体由可综览的部分构成，每一部分当然能在可综览的再现中得以展示。总体只是在如下意义上不可综览，即它要求一系列不可综览的再现，以便完整地显现它。第二种可能性是，每个可综览的再现都只提供我们关于总体的近似图景，我们只有通过占有关于整体近乎准确的大量图像才能获得对总体的理解。我们可以称第一种为不可综览的"部分—整体错觉"，第二种为"近似观"。维特根斯坦认识到两种，但他没有确切地区分两者，因为他同时看到语言在两种方式上不可综览。这样，即使我们认为日常生活的语言、命题演算的逻辑记号以及其他精确记号系统都可以理解，最终结果也可能是语言的某些部分可以精确再现，而另一些只能近似再现。我们对语言的误解可能基于这样的妄念，即只可以近似再现的语言部分和可以精确再现的语言部分相似。我们因而成为部分—整体错觉的牺牲品，尽管也还有其他只能近似再现的整体。如果我们认为任何这类再现都必须是完全再现，那么我们在再现观上犯了虚假理解的错误；《逻辑哲学论》的作者正是犯了这样的错误，认为要让 A 再现 B，A 和 B 必须有精确的同一结构。这一点和维特根斯坦在《哲学研究》中的如下看法不相容，即同一图像可以再现完全不同的东西："一次是玻璃立方体，一次是敞口倒置的盒子，一次是围成这种形状的铁丝架子，一次是直角拼接的三块板子。"（PI，第 193 页）

由此得出两点。第一，我们使用语词的能力，我们对语法的把握，参与人类生活形式的能力，不能归结为我们拥有语法或生活形式的综览再现能力，并不存在需要拥有的再现。相反，我们习得语言的能力和参与人类生活的能力是通过模仿而习惯化，通过训练和实践获得的。在《哲学研究》第5节中维特根斯坦写道，当我们教孩子最初的、原始的语言形式时，"教孩子说话靠的不是解释，而是Abrichten［训练］"。翻译者错误地将最后一个词译为"training"，但维特根斯坦这里说的是和我们在马戏团驯化动物一样的那种训练（conditioning）。通过奖惩，我们使其完成各种戏法。这里人们容易想到小学教师路德维希·维特根斯坦用于促使农村小孩学习的那些方法，将他与孩子父母和学校卷入麻烦的方法。维特根斯坦在《哲学研究》中写道，这类训练的一个重要部分"在于教师用手指着对象，把孩子的注意力引向这些对象，同时说出一个词……这种指物识字法可以说是要在词与物之间建立一种联想式的联系"（PI，第6页）。同样，教师可能向学生展示词和图的图表，学生"通过训练学会在图标上查找图，训练的一部分是学生学着用手指在图标上自左至右水平移动"（PI，第86页）。通过学会引导注意力，锻炼发音以便于说话，建立词和对象的关联，记忆训练以便产生事物形象，学会使用手指和协调手眼运动等这类简单活动，我们掌握了语言使用的方法。在《论确实性》中维特根斯坦补充说，

"语言并非来自某种推理"（OC，第 475 页）。相反，他认为我们宁可将人看作动物，看作"只有本能而不能推理的原始生物"。当孩子学习像"书本"或"椅子"这类词时，所学习的不是这类事物，而是拿起书本或坐在椅子上。"我想说，孩子学会以如此这般的方式做出反应，而孩子在这样的反应中却一直什么也不知道。知道只是在以后的阶段才发生的。"（OC，第 538 页）

　　可见，我们当作实践能力去习得语法，而不是通过对它的综览再现。这种实践能力本身相当复杂而不可综览。当然，我们最终也学会了反思我们的语法，正是在这一点上我们学会理解、使用甚至构造对它的综览再现。但是，这些总是部分的或近似的再现，因为我们使用语言的实践能力是而且实质上一直是复杂的，从而不可综览。对我们语法的综览再现当然可以服务于许多目的。它们在讲授语言时可以有所助益——我们都知道成人学习第二或第三种语言的情况。但是，我们也知道在这一语境中教给我们的语法规则有大量例外，并不足以达到使用该语言的流利水平。对语法的综览再现也可以用作使我们的语言实践正常规范的工具。国家科学院如法国科学院常常致力这种常规化活动。综览再现最终也可以帮助我们克服语法混淆。维特根斯坦相信，这些混淆是我们哲学困境的根源。为了解决哲学上的困惑，我们由此让自己构造关于我们语法的各种综览再现。但是这样做的时候，我们必须对如下事实保持警惕，即这样的构造反过来会产生新的哲学混淆。我们所构造的再现以及出于什么目的构造再现将依赖于不止一种因素。

高度复杂性

维特根斯坦对综览再现方法的用途和局限的兴趣并不限于语言。这显见于他"关于弗雷泽《金枝》的评论"和对斯宾格勒《西方的没落》的评论。在批判弗雷泽力图以进化方式解释巫术和宗教实践时，维特根斯坦认为这些现象只能通过综览再现的方式得到准确理解。个别的巫术和宗教实践的再现，广而言之，个别原始文化的再现使其特定的"逻辑"或"语法"变得明显。那些再现还向我们显示各种巫术的和宗教的实践与文化间的家族相似性。它们将最终确立哪些实践与文化和我们自己的科学文明间存在着鸿沟。可见，综览再现方法这一应用的目的是要搞清楚，巫术和宗教实践有其自身的典型语法，它们所产生的语言游戏在"语法上"不同于由我们的科学思维模式所生成的语言游戏。得出这些重要观点并非要求我们应能给出巫术、宗教或科学的总体再现，而维特根斯坦肯定不会承认我们能给它们以综览再现。相反，他的最终立场是，对于作为整体的人类生活形式，我们无法构造准确的综览再现。

在其对斯宾格勒的评论中，维特根斯坦同样反对单一

综览的"世界历史形态学"观念。斯宾格勒认为，每种文
109 化都是不相容的有机整体，我们只有借助其自身的内在逻
辑才能理解它们。但他同时也坚持认为，我们可以建立所
有文化的共同形态学。这样，我们在斯宾格勒著作的核心
可以发现一张图表，它的目的在于对世界伟大文化提供概
览，它旨在表明所有文化都遵循同样的内在发展过程，并
穿过精确的相应阶段。我们可以将这一图表看作综览再现
的范式，但在维特根斯坦看来是失败的范式。当维特根斯
坦的评论表达对斯宾格勒探究的同情时，他对如下观点持
批评态度，即人类文化可以依据有机发展的单一模式加以
理解。1937 年，他将斯宾格勒的观点与自己的观点加以比
较时写道，人们要防止（关于语言、文化、人类生活形式
的）一般断言的空泛或被曲解，只有把理想即综览再现看
作"比较的对象——可以说看作一条检验标准——而不是
看作一切事物都必须与其一致的先入为主的看法。因为哲
学易于陷入其中的那种独断论就是从这种看法产生的"。这
些话预示了《哲学研究》第 131 节的内容。但是，它们比
后来的表达更进一步的地方在于补充说："如果把理想看作
再现形式的原则，那么它一点也没失去尊严。它具有良好
的可测量性。"（CV，第 26—27 页）

可是，一旦将不可综览观念从语法和语言扩展到历史、
文化、社会和政治领域，我们必须注意这一总体所展示的
复杂性的不同种类以及不可综览的不同种类。当然，所讨

论的这些总体都十分复杂，因为它们都由许多种类的大量因素构成，彼此间有着多种多样的关联。而且，它们都是开放的。由于构成因素的性质不同，它们在复杂性的种类上总是有所区别。当我们大体可以说语法和语言由词和句子构成时，同样可以说历史、文化、社会和政治包含着人类——而人类不只是身体或生物机体，而且是对其自身、环境，还有对自己是其中一部分的历史、文化、社会或政治制度拥有看法的行为者。而且这些行为者的看法对这些总体并非无关紧要，而是实际地限定它们，这使人类历史、文化、社会和政治成为全新的复杂种类。

例如，如果我要对美国政治加以阐述，我首先必须谈论一大堆客观事实：经济状况、预算和赤字、气候、地貌、资源、工业和军事基础、人口、贫富等。从这一简短系列便应清楚，即使美国政治文化的这一客观成分也相当复杂，因而原则上不可综览。但是为了刻画美国政治，我还不得不谈论共和党和民主党的观点，谈论某些原教旨主义者的特定信仰，谈论一些新保守派的侵略性国家主义，谈论对许多其他美国人而言稍稍失效的自由主义和人道主义。这 110 给政治制度的结构增加了全新层面的复杂性。而且，这些不同政党的每一不同观点不仅涉及政治制度的物质方面，而且涉及其他人对这一制度所持的看法。这样，共和党人的政治观点不仅涉及经济状况，而且涉及其民主党对手的观点。反过来，对民主党来说也如此。显而易见，这些政治观点的每一种事实上都不可综览。我这里所说的不是这些观点原则上我们不可接近。在其对人类意识性质的反思中，维特根斯坦已表明这是荒谬的。如果对我来说原则上无法谈论他人观点，那么我便没有理由将任何观点归于他们。正如维特根斯坦所说的：如果我的盒子里有只有我才能看到的甲壳虫，其他人原则上对此无法发表任何看法，那么也可以说意味着没有甲壳虫。无论如何，实际上我不可能对任何政治观点提供准确的概览再现，这倒是对的。我的再现只是他人看法的部分展示或松散接近，更可能兼而有之。

更何况接下来是，美国政治制度中的政治观点总体上也是不可综览的。我们从而有一连串不可综览的等级。对于诸如人类社会、人类文化或文明，当然还有作为整体的人类生活形式这类总体来说，情况亦如此。它们都是远比语法和语言更为复杂的各种例子。为了区分它们，我称其为高度复杂性。

根本复杂的总体向我们呈现了明显的认知挑战，因为我们无法以我们理解综览总体的那种方式理解它们。当我们面对高度复杂的总体时，我们还有另外的认知困难，这些本身显示于人类生活形式的各种理论化。但是，对这一事实认可依然落后。总体上说，我们的社会理论家仍然坚信对人类生活的概览式研究。然而，如果对复杂和高度复杂的总体的再现本来就成问题，那么人们必须问一问为什么他们要如此固执地去完成构造概览再现这一工程。当然，维特根斯坦承认对我们语法和语言也包括生活形式的部分和近似的再现的有效功能。他确信，这样的再现可以履行重要的哲学功能。但他也坚信，力图构造我们对语法、语言和生活形式的概览再现难以达到目标。他认为这一工程由如下的错误假设推动，即由不可综览的总体产生的混淆只能通过构造综览再现来解决。可是，因为这类总体本身不可综览，维特根斯坦得出结论说，这一工程证明无法完成。结果是我们只能产生最终证明不可成功的更加复杂的理论构造和更为精致的图式。因此，我们应该放弃为不可综览的总体构造概览再现的愿望，相反对起初造成我们混淆的这类总体的某些特定方面寻找可综览的再现。 111

然而，这一结论怎能令人满意？面对语法和语言时，也许是对的。但是当我们涉及高度复杂的总体时，我们发现自己处于困难境地。原因在于这类高度复杂的总体要求行为者对这一总体有一全面看法。例如，为了从政治上理解，要求行为者对政治制度有一全面看法。为了致力文化，需要行为者对那一文化有一总体看法。为了参与行为的历史过程，需要行为者有一历史视角。当然，这些看法会产生一般的图式，但它们实质上不可能是概览的。对语言而言，情况却非如此。为了说一种语言，我不需要对那种语言有一总体看法。在这一点上所遗留的问题是，在高度复杂的总体内，我们怎样才能成为行为者。

112 第七章　无形地铺向无限的有形轨道

你说你必须，但不能说什么迫使你。

——路德维希·维特根斯坦《关于数学基础的评论》

　　规则是我们生活中不可替代的部分。我们知道它们是法律、规章和制度指南，是监管原则和道德规则，是游戏、时尚和礼仪规则，还是逻辑、数学和语法规则。对所有这些规则来说，规则的历史和哲学——关于我们如何设计和使用它们，它们如何被教授和变得正当，它们在我们实践中有怎样的地位，关于它们如何变得无所不在，关于它们作为神圣命令、理性原则、被植入的事物本性或仅仅习俗的地位——仍有待展开。例如，试分析那些有待打破的规则。要质疑我们所拥有的规则，为什么我们需要一条规则，一条约束但不一定颠覆我们对规则的使用的规则？对这些问题的哲学反思仍处于起步阶段，但我们可以自信地说，维特根斯坦已促使其产生出来。对我们来说，挑战在于如何扩展维特根斯坦已经开始的追问。

依据规则前行

和他的其他工作一样，维特根斯坦对规则制定和遵守规则的兴趣可以追溯到其对弗雷格及其逻辑的批判。

弗雷格的著名革新之一就是他的符号公式与我们应用它们的推理规则之间的截然区分。从亚里士多德到 19 世纪后期的传统逻辑从未做过多少这类区分。另一方面，对弗雷格来说，推理规则构成其新逻辑的符号系统的基础。为了强调这些区分，他在 1879 年首次披露其新逻辑的《概念文字》中写道，与公式真理不同，这些规则"无法表达于概念记号"①。我们可以说，它们属于概念记号的元语言。弗雷格继续指出，之所以需要这类推理规则，"因为我们无法枚举我们可以建立的无限数量的规律，我们只能通过寻找潜在地蕴涵所有其他规律的规律完成这事"。要达成这一目的，给逻辑赋予公理形式是必要的，从九个"纯思想的判断"开始，以便于在推理规则的帮助下，"从较简单的判断推导出更复杂的……判断"。弗雷格写道，以这种方式，可以表明某些判断如何"被简单地包含于其他判断"，尤其是公理的内容——"尽管以胚胎形式"——如何包含衍生

113

---

① 哥特洛布·弗雷格：《概念记号及相关论文》，T. W. 贝纳姆翻译和编辑（牛津：克兰伦敦出版社 1972 年版），第 136 页。

公式的内容。借助于推理规则，人们因而能"阐释思想规律的所有相互关系"①。因此，在弗雷格看来，推理规则是"无形地铺向无限的有形轨道"（用维特根斯坦令人难忘的术语）。

为了掌握"无限数量的规律"和更一般而言的无限总体，到《算术的基本原则》（1903）的第二卷，弗雷格返回规则和我们的能力之间的关联。这里推动他的是再次维护如下论点的愿望，即算术公式表达着逻辑真理。他这时的对手是"数学形式主义者"，他们坚持认为这些公式事实上只是符号的无意义组合——在这方面类似于棋盘上棋子的排列。他们以这种方式尽力避免谈论任何如数字和集合的抽象实体，而且尤其避免谈论无限实体。弗雷格与他们相反，认为他们在数学中事实上无法避免使用有意义的语言，因为（假定的）未加解释的演算仍必须形成规则。即使人们假定数学只是使用未加解释的符号的游戏，他们也必须将"游戏本身与游戏理论……"区别开来；真正的逻辑和数学兴趣便转向这种理论，而无限问题便不可避免地重新出现于这一理论，因为正是在该理论中规则与其无限外延将必然形成。为了避免这一结论，形式主义者认为数学的演算规则应该与符号的分布或游戏中的步子一致。弗雷格

---

① 哥特洛布·弗雷格：《概念记号及相关论文》，T. W. 贝纳姆翻译和编辑（牛津：克兰伦敦出版社 1972 年版），第 136 页。

对此回答道:"游戏内的行为固然按照规则进行,但是规则不是游戏的组件,而是游戏理论的基础。"他对此补充说:"国际象棋数字的分布和移动并不表达规则,因为象棋游戏中象棋数字的任务全然不是表达什么,而只是被按照规则移动。"①

《逻辑哲学论》的维特根斯坦完全熟悉弗雷格的这些思想,但对它们并不特别同情。在这一方面,他的观点相比弗雷格事实上倒更接近于形式主义者。我们已经看到,他将数学公式看作"伪命题",因而它们严格说来是无意义 114 的。更广义地说,他跟随罗素忽视弗雷格所说的推理规则的不可或缺。其结果是,《逻辑哲学论》很少谈到规则。这很大程度上源于他对逻辑的演绎方面令人惊奇的漠视。为了与弗雷格和罗素关于逻辑和数学的公理化的偏见保持距离,他写道:"一切逻辑命题都是平等的,其中没有初始命题和派生命题的本质区别。"(TLP, 6.127)相反,他主张每一逻辑命题都是重言式,这样它们直接显示自身而无须任何演绎论证。他写道,在逻辑中,"每个命题都是其自身的证明"(TLP, 6.1265)。他也没有对句法规则表示多大兴趣,弗雷格也忽视了这一论题。他反而相信,构成命题的符号本身决定它们可以如何被联结。"我们只要知道每个符

① 哥特洛布·弗雷格:《算术基础》,未修改第2版(海德堡:乔治·奥尔姆斯出版社1962年版),第114页。

号是如何进行指称的，逻辑句法的规则就必然是显而易见的。"（TLP，3.334）他再次与弗雷格一致，也没有谈到（日常语言或符号记法系统的）语义规则。相反，我们命题的意义必须直接显示自身。最后，维特根斯坦非常明确地拒绝了一种元语言的任何需要和任何可能性。他认为，一种句法一旦恰当地建立起来，"一种规则便在其中"，依照这一规则，命题就可以构造出来。而且"这些规则相当于一些符号，而这些符号的意义又反映在这些规则中"（TLP，5.514）。

但是，大约在 1930 年，当他放弃《逻辑哲学论》的假设时，他终于对规则及其在我们思维和实践中的地位有一全新理解。也就在此时，他批评罗素曾将《数学原理》的公理看作"同时是序列的基本构造和规则。但在这点上他是错的，这表明一个事实，即他本人不得不增加进一步的规则……弗雷格已对此做过解释"①。该评论事实上也算一种自我批评，表明他已离其前期关于规则的立场很远。当摩尔 20 世纪 30 年代初期参加维特根斯坦的讲演时，他注意到这点。他报告说，维特根斯坦当时坚持认为，理解我们语言的语法规则可以帮助我们解决一大堆哲学问题。这当然与他在《蓝皮书》中的评论一致，即每个形而上学命题

---

① 《维特根斯坦与维也纳学派》，B. 麦克奎尼斯编，J. 舒尔特译（牛津：布莱克威尔出版社 1979 年版），第 123 页。

事实上都"隐藏一条语法规则"（BB，第 55 页）。无法简单指出推动这一转变的原因是什么。也许可以从这一时期维特根斯坦的两个学生的讲演笔记中找到一条线索。依照这些笔记，维特根斯坦在 1931 年春说道，"一定有规则，因为语言是系统的。与游戏比较，如果没有规则，便没有游戏，例如象棋在这个意义上像一种语言。当我们使用语言时，我们选择词语去契合场合"①。在以前，维特根斯坦也已经说过，"如果一个命题要有意义，我们自己就必须遵从命题中语词的用法。这不是一个关联问题，那样不会使语言起作用。根本的地方在于在使用语词时我自己必须遵从用法规则"②。必须有规则，因为语言是系统的；必须有规则，因为语言与游戏一样，游戏有规则；所以语言必须有规则，因为使用语词时我们需要承诺或（用更时新的话说）我们的用法有一规范方面。

规则与惯例

当摩尔参加这些讲演时，他发现难以跟上维特根斯坦所说的东西。那时萦绕于摩尔头脑的是，维特根斯坦"不是在任何通常意义上使用'语法规则'一词"，而他感觉

---

① 路德维希·维特根斯坦：《1930—1932 年剑桥讲演集》，源自 J. 金和 D. 李的笔记，D. 李编辑（芝加哥：芝加哥大学出版社 1980 年版），第 48 页。

② 同上书，第 40 页。

"就他如何使用该词而言不能形成任何清晰的看法"①。摩尔肯定能感觉到，维特根斯坦对规则的思考事实上那时还处于变化中。首先，他似乎认为语言处处被确切的语法规则环绕。但在1933—1934年，他抱怨说，"将语言看作精确演算中使用的记号系统"是受到科学和数学记法的误导。"我们的日常语言只在极少情况中与这一精确标准一致。"（BB，第25页）再后来到《哲学研究》中，他认为存在着语言和游戏间的类比，但不是所有游戏都依照规则来玩。也有一些游戏我们在其中"随意地"玩或者"边玩边修改规则"。维特根斯坦总结说，"一个词的应用并不是处处都受规则限定的"（PI，第84页）。这一断言对一些维特根斯坦读者来说成为难解之谜，其中包括20世纪最著名的一些语言学家和逻辑学家。它显然需要进一步关注，因为它很大程度上涉及我们应如何看待自己的社会政治生存。

需要注意的第一件事是，当然总是存在着不依照语法和推理规则的语言用法。显然在诗歌语言中句法和语义的正常规则常常悬置。同样有"非语法的"语言用法，被孩子、心不在焉的说话者和不完全掌握一门语言的人使用着。但所有这些情况可能被看作通常守规则的语言用法的边缘

---

① G. E. 摩尔：《维特根斯坦1930—1933年讲演》，载《哲学时刻：1912—1951》，J. 克兰格和A. 诺德曼编（印第安纳波利斯：哈克特出版社1993年版），第276页。

状态。更有决定意义的是如下看法，即我们的语言不是固定的系统，相反我们的语言在实践中不断变化。假定这一过程的每一时刻都有着精确支配那一时刻语言实践的精确规则，这是不合理的。特定事件不能说受到规则支配。我们的语言用法的某些部分当然由精确规则支配，这些涉及惯常的可预测的情况。但是语言并不限于那种用法。我们也在极端的新情况和为了全新地表达思想时使用语言。这样做 116 时我们制造以前从未有过的句法和语义形式，认为语言的这些用法完全由固定的一套规则提前决定显然是不合理的。

即使我们的语言实践完全规范时，我们也不应假定它们必然由规则指导着。维特根斯坦认为我们需要在行为和过程间做出区分，其中一条规则被遵守，那些行为和过程只是依据这条规则。参照规则并依据规则行动的行为者和我们可以按照规则描述的完全机械的过程之间当然有着明确区别。在计算 145 和 387 之和时，一个人类计算者可能自觉地使用熟悉的加法规则；同时计算器可能机械地算出同一结果，不是因为遵循规则，而是因为已经被构造为机械地生成正确结果。但是，我们怎样谈论没有自觉地遵循加法规则而完成演算的行为者呢？我们是按照从容地遵循规则的行为者还是按照无心的计算机？1930 年之后维特根斯坦的方法论立场倾向于反对隐藏的、"无意识"过程的假设。现象仍被当作现象，哲学困难却不是通过发现隐藏在现象背后的机制、结构或过程，而是通过审慎地处理原则上"开放的"东西，但常常看不清是因为我们离它太近。他在《哲学研究》中写道："我们对隐藏起来的东西不感兴趣。"（PI，第 126 页）正是同样的态度使他在《蓝皮书》中主张，一次演算中包含一条规则仅当"该规则的符号构成演算的一部分"时。（BB，第 13 页）对我们来说行为者问题仍悬而未决，他先应用某些规则以便于完成一项任务，但后来对此工作如此熟练以至于他不再需要想起任何规则。这一行为者现在"无意识地"遵守那些规则吗？或者我们是否可以更合理地说，他的行为现在已变得如此"习惯化"甚或"机械化"，以至于他不再遵循一条规则，却学会以完全遵守规则的方式行动。

事实上，维特根斯坦一直主张，行为的惯性比遵守规则更为根本。他认为我们如果先学会规则才去行动，我们便做不了任何事情。在《蓝皮书》中，他阐述了这一观点，指出可以从两种极为不同的方式去看。例如，当我们教学生"黄色"一词时，这种教首先可能是一种训练。（BB，第 12 页）这种训练可以与"给开关和灯泡间装一条电线"相比。但是教"黄色"一词反过来也可能向学生提供"本身包含于理解、遵守等过程"的规则。这段话容易被解读为似乎维特根斯坦在阐述教学时强调第二点胜于第一点。然而他事实上认为，在实际教学中两种情况都发生，借助于规则的更为精致的情况预设了在先的较为基础的情况。117 出于这一原因，他在《哲学研究》中指出，儿童的学习首先是训练或驯化。在最后的笔记中他以同样的思路断言：
"一种实践的确立不仅需要规则，而且需要实例。我们的规则留下了不确定的漏洞，所以实践必须为本身辩护。我们并不是通过学会规则才学会怎样做出经验判断的，别人教给我们的是判断以及与其他判断之间的关系。一个由判断组成的整体对我们来说才显得言之成理……光是逐渐照亮全体的。"（OC，第139—141页）

维特根斯坦对规则的阐述如何加以准确理解，爆发了"个体主义者"和"集体主义者"之间的争论。一方认为，维特根斯坦将规则看作原则上可由单个人持有的"固定意向"，另一方主张，他将规则看作共享的、社会的约定，将遵守规则看作参与一种机构，看作采用一种习俗或约定。大卫·布劳尔提供了"集体主义者"解读的鲜活例子，关于遵守规则，他写道："当我们面对一个又一个情况时，防止我们到处乱撞的真正制约因素是强加于我们的当时环境：我们的本能，我们的生物本性，我们的感觉经验，我们与他人的互动，我们的当下目的，我们的训练，我们对许可的预期和反应等，这些因素出于各种原因，从心理因素开始，至社会因素结束。"① 对维特根斯坦观点的这一阐述大

---

① 大卫·布劳尔：《维特根斯坦，规则与机构》（伦敦：劳特里奇出版社1997年版），第20页。考林·麦克金为相反的个体主义观点辩护，在他看来，理解是"对行为的直接倾向"［麦克金：《维特根斯坦论意义：解释和评价》（牛津：布莱克威尔出版社1984年版），第43页］。这一倾向天然地存在于作为个体的我们，维特根斯坦因而"就他面对个体或社会的对立面而言，是一位个体主义者"（同上书，第200页）。

部分是正确的。对布劳尔的看法只有一点不同意，他将维特根斯坦的观点归结为一种理论。维特根斯坦肯定对构造任何一种理论都不关心。他显而易见的目的倒不如说是将我们的思维从哲学理论化引向"日常人们"的思维（BB，第48页），这也正是他在刻画自己的工作时所真正主张的。

规则的使用

要建立、交流、理解和使用规则，我们必须有特定的技巧，但是我们拥有这样的技巧并非不可避免。肯定有缺乏技巧的感知生物。所以我们需要问，例如当一个儿童说"请开门"时，她如何能理解老师所说的话。在《蓝皮书》中，维特根斯坦写道："如果我命令某人'从那草地上拿束红花'，他如何知道采哪种花，因为我只给他一个词。"（BB，第3页）一个词、一幅画或一个姿势如何能指导行为？在《哲学研究》中，维特根斯坦补充道："遵守一条规则类似于遵从一道命令。我们被驯化去这样做。"（PI，第206页）但是无法保证这样的驯化会成功。当学生未能理解时，我们该怎么说？"这类情况与下面例子很像：一个人本性使然地对别人手指的姿势做出反应是从指尖向手腕的方向看，而不是从手腕向指尖的方向看。"（PI，第185页）118但是人类通常知道怎么正确地看方向或者怎么正确地去做，即便这不是理所当然的事情。一些狗学会理解你伸出的手指正指向一定距离的东西，另一些狗则无可奈何地看着你的手指。如果人类证明不能理解文字、符号或姿势如何能用于指导行为，那么拥有规则和遵守规则的实践便无从谈起。"一条规则立在那里，就像一个路标……但哪里又写着我应该在什么意义上跟从路标，是沿着手指的方向还是沿着相反的方向？"（PI，第85页）如果路标对我们来说起作用，那么我们必须有能力将它们理解为路标，而且有能力理解它们如何用于指引我们的行为。

在《哲学研究》中，维特根斯坦得出结论："通过语言进行交流不仅包括定义上的一致，而且也包括（无论这听起来多么奇怪）判断上的一致……我们叫作'度量'的，也是由度量结果的某种稳定性来确定的。"（PI，第242页）至少在相当大程度上，我们在应用规则上所一致的，"不是意见上的一致，而是生活形式的一致"（PI，第241页）。因而处于我们遵守规则基础的是"共同的人类行为方式"（PI，第206页）。只要我们只看到规则本身，这一事实便模糊了；可是一旦我们注意我们如何应用它们，我们便明白"遵守一条规则，做一场报告，下一个命令，下一盘棋，这些都是习惯（风俗、建制）"（PI，第199页）。话虽如此，但我们不应忘记，一些习惯和风俗来自使用规则，一些建制经由规则建立（如借助于建制的国家），而且它们只通过规则的使用来运作。无论如何，维特根斯坦正确地主张，我们拥有规则和遵守规则的能力依赖于更基本的行为方式。我们可以总结说，行为的惯常性比依照规则行为更基本。我们对这点感兴趣不仅是当我们思考语言、逻辑和数学时，而且是当我们力图理解社会和政治现象时。

　　然而，我们从使用规则得到什么？规则对我们的生活方式有什么贡献？当一个孩子学会理解和遵守规则时取得什么进步？当社会发布规则时个人能获得什么？这些问题没有简单的答案，因为规则以非常不同的方式出现，因而也发挥着非常不同的作用。维特根斯坦十分理解这一点。因而在《褐皮书》对规则的进一步讨论中，他不怎么说规则是什么，倒更多列出"'规则'一词的不同应用"（BB，第98页）。换句话说，规则概念最终证明是个家族相似概念。在相似领域的一端，规则接近个别的命令、指令、要求等；在另一端，它们包括万能药方和（如道德学家宣布的）清规戒律。当一些规则提出要求时，另一些规则则显得从容，在要求的严格性和规则的宽容度上存在着各种程度的渐变。一些规则有精确要求，另一些规则只有松散的建议；一些规则以铁的规律决定其应用，另一些规则可以自由解释；一些规则可以用日常语言的词语表达，另一些规则要求规律的精确术语或某一专门记法；一些规则以命题的形式出现，另一些规则采取"图表、指物定义或类似工具"（BB，第90页）。一些规则约束行为，而另一些规则——像放在那里有待打破似的——用于约束其他规则。（BB，第91页）

如果我们不能拥有和使用规则，许多复杂的人类行为形式便不可能存在。在数学、技术和科学中尤其如此。同样重要的是，如果不能拥有和使用规则，我们的许多社会事项（不管经济的、文化的还是政治的）都将不可能完成。法律、规章系统（如管理交通的规则或告诉我们如何分类事物的规则）和所有从宗教到政治的建制都是规则的例证。规则帮助我们使自己的行为标准化，就是说，使行为更一致，从而更可计算、更可预测，也对他人更加透明。规则也以这种方式帮助我们更有效地协调自己的行为，参与大规模的长期事项。

关于规则的三个问题

关于规则，维特根斯坦尤其思考三个问题：首先和最深刻的是一条规则的应用似乎已被决定其不可避免性。其次是对规则来说典型的概括性。最后是规则的"规范"特征。

（1）我这里相对少谈三个问题中的第一个，即便对20世纪30年代中期以后的维特根斯坦来说这非常重要。细节讨论将把我们引向远超本书范围的复杂性。另外，这一论题现在已有大量文献，其中许多得益于索尔·克里普克《维特根斯坦论规则与私人语言》一书中对规则问题富有想象力的处理，本章肯定无法重述这一讨论并做公正评价。

我只能对这一问题特别感兴趣的读者提到这一专业文献。还想说的是，此处的不可避免性在逻辑和数学领域事关重大，而当人们涉及人类生活形式的社会、文化和政治方面时便不再那么重要。当然关于不可避免性话题仍需要做些讨论。

120　　在《哲学研究》中，维特根斯坦通过他想象中的对话者说："规则一旦封印上特定的含义，它就把遵守规则的路线延伸到无限的空间。"（PI，第 219 页）但是，维特根斯坦本人觉得这一断言有问题。他认为，人们想说："即使我还不曾在笔头上、口头上或思想上完成这些步骤，它们真正说来已经完成了。"所有这些步骤"以某种独特的方式事先决定好了，预计好了——就像单单意味就能够对现实做好预计"（PI，第 188 页）。可是，他力图通过多样的阐述表明这样的断言真正说来多么成问题。困难正在于，否定它似乎将我们引向同样不可接受的结论，"一条规则不能确定任何行动方式，因为我们可以使任何一种行动方式和这条规则相符合"（PI，第 201 页）。这触及自柏拉图以来哲学家们努力解决的问题，而这些问题使他们不时陷入大量的形而上学思辨。通过追问我们有什么标准说一个公式决定如此这般的应用，维特根斯坦竭力处理这一问题。他直截了当地回答："例如我们一向使用公式的方式，是我们被教会使用公式的方式。"（PI，第 190 页）当然我们也许被诱惑说我们"闪电般"直觉到规则的意义。但维特根斯坦反对说，我们"没有这一超级事实的范本"，我们在这里被引诱去使用一个哲学的"超级表达式"（PI，第 192 页）。然而，他对此没有进一步的论述使他的读者确信他是正确的。正因为如此，他在《哲学研究》和《关于数学基础的评论》中用了大量的哲学资料，力图证实这一结论。尤其克里普克以来的解释者在热烈地争论维特根斯坦在解决这一明显的"悖论"方面是否和如何取得成功。不管他的解决到底如何，清除像"必然"和"必须"这类样态词语的形而上学味道，肯定是他《逻辑哲学论》便已宣布的长期事业的一部分。

"不可避免的"规则对逻辑和数学来说很典型。例如，我们设定，既定数"加 2"的规则"不可避免地"规定，我们必须在 1000 之后写下 1002。当维特根斯坦分析一个学生应用"加 2"的规则在 1000 之后固执地写下 1004 的例子时，教师说："但是当我给出命令，他在 1000 之后必须写出 1002 时，我当时已经知道。"可是问题在于，老师在给出命令的瞬间实际上不可能预先考虑从 1000 到 1002 的过渡，即使的确思考过这一步，他仍然未思考其他步骤，比如我们说从 1006 到 1008 的一步。因此，维特根斯坦回应那位老师说："当你说'我当时已经知道'，这大致是说：'假如别人当时问我在 1000 之后应写什么数字，我会回答说1002。'这一点我不怀疑。"（PI，第 187 页）有问题的是如下假设，即"命令里的那个意思已经以自己的方式完成了所有的步骤：就仿佛你的心依靠意味飞到前面，在你借助这样或那样的有形方式完成那些步骤之前已经先行完成了所有的步骤"（PI，第 188 页）。

121　　（2）对我们来说为了能够使用规则，正常情况必须是周围的条件保持不变。与个别命令相比，规则在内容上相当概括。如果只有过一次说谎，"别说谎"原则作为道德规则便失去其特质。维特根斯坦看到："只有一个人只那么一次遵守一条规则是不可能的。"（PI，第 199 页）而且，如果常规变成例外，而例外变成常规，我们正常的受规则支配的语言游戏便会失去意义。可见"只有在正常的情形下，语词的用法才是明确规定好的"（PI，第 142 页）。可以说，概括性是规则的本质，而规则证明对人类生活形式有用首先在于周围的条件保持不变这一事实，其次在于我们有能力识别并依据这一条件去行动。假如我力图在马戏场以适当信号训练一头大象后腿直立。如果这头大象从不能牵进表演场，或者它无法识别信号和马戏场，那么这一训练便不会成功。当我力图通过展示黄色物体教孩子"黄色"一词时，情况也相同。在这一情况中我期望有使用该词的其他场合，期望孩子也能识别这些场合。

　　我们能够抓住这样的概括性肯定不是理所当然的事情。假定我想教一个孩子从 0 开始按照总给前一个数字"加 2"的规则来构造数的序列。要学习的规则是 2 的加法规则，老师通过给出例子训练孩子应用这一规则。例如，他写下序

列 0、2、4、6、8。但是，不管老师提供多少例子，不管他
构造序列有多远，孩子们最终都必须独立进行下去。换句
话说，孩子们必须最终理解规则要用于老师提供的例子之
外；他们必须能够理解自己如何继续这一序列。可是，如
果孩子们在到达 1000 之前都按照标准方式继续着序列，继
续写 1000、1004、1008、1012，这该怎么办？维特根斯坦
写道："我们对他说：'瞧瞧你做的！'——他不明白。我们
说：'你应该加 2；看看你是怎样开始这个系列的！'——他
回答说：'是啊，这不对吗？我还以为应当这样做呢。'——
或者他指着这个序列说：'可我是在用和以前一样的方式做
啊。'"（PI，第 185 页）为了正确地应用加 2 规则，换句话
说，孩子必须知晓他已经写下的。他必须能够决定"以一
样的方式"如何继续下去。我们假定我们拥有这些能力，
但是如果我们没有呢？或者如果我们突然停止拥有呢？

（3）这类规则的教学法地位据说受到"规范"力量的
支持。谈论规则的规范性目前在哲学圈中很时髦，但是必
须保持警惕。一些规则肯定被规范地使用，而许多规则却
不是。我们在装配手册中发现的那种图画便说明这点。图
画向我们表明应该怎样装配配件，它向我们提供装配配件 122
的规则。但图画只在较弱含义上有"规范"功能，除非我
遵循说明，否则产品无法以制造者意愿的方式组装起来，
可能无法发挥其预设的功能。但是，这种"规范"不是真
正规范性的。并没有与它相关联的处罚，如果不遵循说明，

也不会受到惩罚。而没有遵循说明肯定有后果，装配件可能不工作。另一方面，我可能对所建议的方式运行机器不感兴趣，以自己的方式装配配件。未应用一条规则的结果肯定不同于如果没有遵循规则而受到的处罚。因此，当维特根斯坦只偶尔谈起规则的规范功能时，他是对的。

"规范"一词最好是包含处罚的规则。当然这类规则充斥于社会政治生活。一些人甚至认为，没有规范、规则便不可能有社会和政治。霍布斯有过著名的说法，没有刀剑威胁以强制执行的社会契约是空的。但是，这里即便是规范性功能也以不同方式出现。一个重要的区别是，处罚有时在规则本身中具体化，而在另些时候它又外在于规则。第一种可见于警察处罚超速驾驶者的罚单，而第二种可见于老师批评学生未能正确使用语法规则。警察和老师都规范地使用着规则，但语法规则本身没有规范内容。它具体说明语法上怎样正确，但没有指明违反语法地表达将受到怎样的处罚。违反一条语法规则的结果可能是我们不被理解。但是这不是一种处罚，就像淋湿不是我没有带伞的一种处罚一样。另一方面，交通规则不只是告诉我们如何驾驶，它们还具体说明警察要应用的处罚种类。当然，任何规则都可以被规范地使用。这正是老师使用语法规则进行批评时所做的。但是，交通规则在内容上还是规范的。不应用它们也可能导致严重后果（例如它可能导致事故），但那些后果必须和规章所规定的处罚区别开来。道德和审美原则、精明和时尚的规则在这方面很像语法规则，而法律、行政规章以及权威的规则和命令更像交通规章。两种规则都有自己的用法。

不管哪种规则的规范使用都在应用处罚的人和适用处罚的人之间建立社会秩序。这类社会秩序的可能性立足于人际关系中权力根深蒂固的明显不平等。这种不平等自身昭示着父母和孩子、老师和学生、富人和穷人、体壮者和体弱者间的关系。当这类不平等被当作不可避免甚至法律 123 认可时，我们将这样的权力认作权威。权力和权威肯定比规范规则的系统更根本。但规范规则既展示权力差异又加强权力差异，也是对的。

规则与解释

当然，总发生一些情况，其中规则如何被应用会产生争执。例如，想一想竞赛游戏中规则通常如何发生，一些情况下这类争执如何升级为实际冲突。对于规则的争执事实上普遍存在于社会政治生活，甚至也许是这一领域的典型特征。当维特根斯坦指出，在人类生活的其他部分没有这类争执时，他肯定是对的。他写道："人们（如在数学家之间）并不对是否遵守了规则发生争吵。例如，人们并不为此动手打起来。这属于我们的语言据此起作用（例如作出某种描述）所依赖的架构。"（PI，第 240 页）但是即便在数学中，对于某些规则如何应用，偶尔也会产生分歧，正如维特根斯坦所熟知的，1928 年他从荷兰数学家布劳威尔的讲演中曾获得颇多启发。在那次讲演中布劳威尔抨击数学某些部分对排中律原则的使用。但是我们并不因为加法规则的应用而打架正是数学的典型特征。如果有人怀疑 2 + 2 = 4，我们不会把他当作异己的数学家，而是当作不称职的数学家。

可是，维特根斯坦也明白，在逻辑和数学之外，我们的规则大可做不同解释，因而对于规则的应用总可能产生争执。在《哲学研究》讨论遵守规则之前的一段，维特根斯坦将规则与路标相比，然后自问："路标不容我怀疑我该走的是哪条路吗？"他回答说，路标"有时留下了，有时没留下"（PI，第 85 页）。换句话说，规则有时留下如何使用它们的疑问，有时却没有。紧接着这条评论，维特根斯坦还指出，人们也许对某人说"你差不多就站这儿"，而这一命令在说话的那个语境中也可以很好地起作用。（PI，第 88 页）但是，接受这一命令的人当然必须自己决定究竟该站哪儿。换句话说，他必须解释这一命令并决定如何行动。

我们应进而注意，维特根斯坦在《哲学研究》中对遵守规则的系统讨论开始于第 143 节，分析了各种"不可避免的"数学规则，但给这一段插入一系列评论（PI，第 156—184 页），事实上在处理可解释的规则。这一点在很大程度上被《哲学研究》的解释者所忽视。因为维特根斯坦本人如此全神贯注于逻辑和数学规则的不可避免性，也因此当代分析哲学家如此关切逻辑和数学，他们没能看到维特根斯坦也感兴趣的可解释的规则。所以，他在第 156 节提出的问题涉及"朗读写下来或印出来的东西这样一种活动"（PI，第 156 页）。维特根斯坦追问书面文字以何种方式可以说在"指导"我们的阅读。这种指导肯定不同于数学规则给计算器所提供的指导，加法规则要求我们只能以一种且唯一一种方式继续数字序列。这件事上我们没有选择，没有解释和决定的余地。但我们大声朗读课文时总有不同选择。（想想演员们可能以非常不同的方式演说莎士比亚作品中哈姆雷特的话语）从维特根斯坦所追加的评论看，他意识到这一点，由衷地总结说"听写、抄写以及照着乐谱演奏之类"。在这点上我们当然必须记住，维特根斯坦通晓音乐，很清楚照着乐谱演奏是怎么回事。他懂得这样演奏总是要求对乐谱的解释。对于维特根斯坦的哥哥保罗·维特根斯坦来说，作为一位职业钢琴家，维特根斯坦家族的典型抱怨之一便是他演奏音乐太刻板了。

当我们说乐谱要求解释时，我们一定清楚这意味着什么。在《哲学研究》中，维特根斯坦认为"我们必须严格地将'解释'一词限定于用规则的一种表达式代替另一种表达式"（PI，第 201 页）。在这种意义上，一种解释包括一条规则从一种语言或习语翻译为另一种语言或习语。维特根斯坦注意到，当我们在这一意义上采用"解释"一词时，显然解释到了尽头。总有最后一种解释，即便总有提供下一个的可能性。这在我们应如何对待规则的应用上产生了重大后果：

> 我们依照这条思路提出一个接一个解释，就仿佛每一个解释让我们至少满意了一会儿，可不久我们又想到了它后面跟着的另一个解释。我们由此要表明的是，掌握规则的方式不尽是解释，而是表现在我们称之为"遵守规则"和"违反规则"的实际情况中。（PI，第201页）

但是，我们也以另一种方式使用"解释"一词，从音乐解释概念可以明白这一方式。这种解释是对乐谱的特定翻译，对乐谱特别适用，而不是从一种习语翻译为另一种习语。否则，舞台上说哈姆雷特话语的演员是在给我们一种解释。然而，这并不意味着他在用一种表达代替另一种表达，宁可说他在以特定方式使用莎士比亚的话。维特根斯坦知道"解释"一词有这两种不同的意义。在《蓝皮书》中，他一方面说英国人可能将德语词"Buch""解释"为"book"。但是他也认为，当被要求从一排乐器中拿起班卓琴时做了正确选择的人"给'banjo'一词以正确的翻译"（BB，第2页）。在谈论乐谱翻译中的解释、莎士比亚剧本中的选择，以及选出班卓琴中回应了要求时，我们所依据的是每一情况中乐谱的应用、写下的词句或者说出的要求不是被独特地决定的。每一情况中我们面对的是可解释的规则，每一类规则都不像逻辑和数学的规则那样不可避免。

解释规则在社会政治生活中十分普遍。例如，法律完全由可解释的规则构成。因而法官和陪审员、官员和市民不得不一再自问：如何去理解法律？如何将它应用于这一或那一情境？要回答这些问题，我们必须解释法律，使用自己的判断做决定。为了推进这一过程，我们设立仲裁员、审查委员会、上诉法庭、最高法院、政府巡视员、监督委员会等。逻辑和数学中无须这些设施，但它们是社会政治生活的典型特征甚至决定性因素。当然，对可解释规则的解释本身通常也由规则指导。例如，上诉法院会根据法律审查较低法院的行为。这一过程通常也参照法律，在这一情况中我们面对着意在应用于规则及其应用的规则。正如我已指出的，维特根斯坦在《褐皮书》（BB，第91页）中意识到这类"较高层级"规则的存在，但他并没有讨论很多。我在本章开头提到的在那儿有待突破的规则，便是这类较高层级的规则。这类规则在社会政治生活中最为重要。我们甚至可以说，社会政治机构通常包含复杂的等级制的规则系统。

规则与意向

在《哲学研究》中，对于设定总是通过加 2 继续数字序列的学生，维特根斯坦让对话者说："但我当时给出命令的时候的确已经知道他应该在 1000 以后写下 1002。"维特根斯坦对此回答说："当然，你甚至可以说你当时的确是这个意味；只不过你不应该被'知道'和'意味'这些词的语法引入歧途。"（PI，第 187 页）为了努力识别这一错误，他在下一节补充说："你先前的想法是，命令里的那个意味已经以自己的方式完成了所有的步骤：就仿佛你的心靠着意味飞到前面，在你借助这样或那样的有形方式完成那些步骤之前已经先行完成了所有的步骤……仿佛它们以某种独特的方式事先决定好了、预计好了——就像单单意味就能够对现实做好预计。"（PI，第 188 页）当然，这也是弗雷格对推理规则的看法，他当时说推理规则让我们追溯某种意义上已经在那儿的逻辑关联词的无限性。

　　如果我们要在这一语境中恰当指出"意味"（mean）的语法，我们必须指出该词以两种不同方式使用这一事实（其德语对应词"meinen"也如此）。我们在一种意义上谈到句子的意义和某人说一个句子时意味的东西。这种意义可以是翻译为另一种语言的另一个句子。另一方面，我们也可以说教师"意在"学生以特定方式继续下去。在"A means to ..."和"A means B to ..."表达形式中，"means"一词事实上等同于"intends"。在这一意义上维特根斯坦写道："法庭上就某人如何意味一词可以提出问题……这是一个意向问题。"（PI，第 214 页）法庭上的问题是：当那人说……时他意味着什么?

这将我们带回遵守规则的问题。我们如何理解下一看法,即当老师以一定方式教学生继续数字序列时,他意在让他……? 意向以某一方式决定什么算作对规则的正确应用吗? 为了进一步分析这一点,我们需要区分两种不同情况。第一种情况,我形成在后面某一时间做某事的意向。我可以对自己说"我明天去散步",第二天我散了步。此处我们分别有两个事项:一方面是意向,另一方面是后继行为。这件事的先前意向必须区别于我们所谓的行为意向。后者直接显示于行为本身。例如,我如何知道一个动物意向捕获猎物? 不是因为它告诉我它后面打算怎么做,而是在捕猎行为中它的意向得到"自然表达"。维特根斯坦提醒我们:"看看猫怎样悄悄接近一只鸟,或者看看一个想要逃脱的动物。"(PI,647)但在这一情况中并没有两个分开的事项:意向和行为。"一个人据以行动的意向并不像思想'伴随'言语那样'伴随'着行为。"(PI,第217页)当我们快速说话时,我们肯定意识不到在进行两件事情——先是思想,后是语言——同样我们无法在行为的意向和意向在其中显示自身的行为间做出区分。因此维特根斯坦写道,在这类情况中,"思想和意向既非'明示',亦非'暗含';既不和行为或说话时响动的单个音符相比,也不和一个调子相比"(PI,第217页)。意向在这一情况中不是分开的组成部分,而是行为的一个方面或特征。但是如果这样,说意向决定行为，说我们如何应用规则由我们的意向决定便没有意义。

127　　然而，先前意向是怎么回事？这里意向与其行为中的实施明显有别；一个先于另一个，有时的确在很久以前。当我们面对可解释的规则时，先前意向很有趣。当我们不确定这样一条规则如何应用时，我们发觉问一下规则起初意味什么也许有所助益。当然，这个问题可以追问仅当该规则有可识别的起点或者至少有明确或可识别的历史时。问黄金规则的起初意向是什么，便找不着北。另一方面，也有可识别的权威提出规则的情况。这种情况下问那权威规则意味着什么也许很重要。举一个例子，当一位母亲离开家时警告孩子别离开房间。如果房子不幸着火，孩子该怎么办？知道母亲提出规则时的起初意向时发现是为了孩子安全考虑，孩子可能决定这种情况下不应待在房子里。但是，即使在特定权威制定规则的情况下，也难以决定起初的意向。例如，当一项法律在议会中获多数票通过，我们无法真正谈论立法者的起初意向。投票支持该法律的议会成员在通过时也许有着非常不同的意向。我们有时谈论这类情况下立法者或权威的"意志"。维特根斯坦本人也考虑这一可能性，他写道："人们难道就不能设想，许多人或许已实现一种意向，而他们中却没有一个人真正有这种意向？同样，一个政府可以有一个意向，可是没有一个人有这一意向。"（Z，第48页）但这种事情还有待阐明。照字面上理解，这类事情只不过表达了方便的虚构。真正说来，不存在"普遍意志"这样的事情。

即使先前意向有清楚的表达，仍有一个问题是，我们从这里看到什么重要性。在维特根斯坦看来，我们的词语有意义是因为它们的用法镶嵌于我们生活的实践。对于起初意向的表达，我们也可以这么说，这一意向所意味的东西只能通过分析意向表达所镶嵌的实践来评价。维特根斯坦因而正确地批判这样的想法，即人们打算在没有象棋的世界玩象棋游戏，以及这样的想法"不需要存在一条习俗、一种技巧"。在这样的世界，某人当然可以说"我们玩一局象棋吧"。但我们必须问："表达式'我们玩一局象棋吧'的含义与该游戏的整个规则间建立的联系在哪里？"回答是："在象棋游戏的规则表里，在棋艺课上，在下棋的日常实践中。"（PI，第197页）换句话说，我们必须明白"意向镶嵌在处境、人类习俗和建制之中。如果没有象棋技术，我就不可能有下棋的意向"（PI，第337页）。于是，当我们追问一条可解释规则隐藏的起初意向时，找出规则制定者所说的话或者他们以什么方式表达意向是不够的，我们必须看看他们如何使用该规则，以便于决定他们起初意向的实际内容。正如维特根斯坦在一条包含多种用法的公式 128 中简要指出的，"一个'内在的过程'需要外在的标准"（PI，第580页）。

即使我们能确定可解释规则背后的起初意向，也不能下结论说我们必须以起初意向的方式使用规则。要理解这点，我们必须再次分析不可避免的规则和可解释的规则之间的区别。不可避免的规则适用于高度规整的环境。当某一事域非常一致时，便可能形成一条不可避免的规则。这会给我们带来一定便利，比如惯常性、可预测性和精确应用。但是在流动和高度多样的领域，尤其在我称为复杂和超级复杂的总体中，不可避免的规则只有有限的价值。为了在这类情况下应用不可避免的规则，我们也必须常常将起初意向放在一边。我们在技术领域完全习惯这一点。发明者对其发明的使用常有特定的意向。但是后来我们并不是以发明者预期的方式使用那些发明。火药的使用并没有按发明者的意向只用于制造焰火，没有人对此感到理解上的困难。当涉及其他可解释的规则时，我们为何应该表现得不同？

有争议的规则

很遗憾，维特根斯坦较少关注规则及其应用所引起的争议。鉴于逻辑和数学中很少有这类争议，这点也可以理解。但是，若不考虑规则的可争议性，我们便无法更深入地讨论社会政治现象。这点甚至符合维特根斯坦称为"日常语言"的社会现象。如果我们不考虑规则的可争议性，有关日常语言的某些问题便无法进入我们的视野。例如，我们无法充分说明在什么意义上语言是"日常的"。同样，我们无法说明"我们的"语言何以是"我们的"。有时对这类问题的回答争议很大，十分棘手。如果宣称交流的共同媒介多于一种语言会怎么样？如果语言群体按社会阶级划分来分层怎么办？那么谁在说"日常"语言？谁的语言才是日常语言？一种语言宣称比日常语言有更高地位时将怎么办？"我们的日常语言"意味着由一套语法规则汇集到一起的一整套语言实践。对于社会生活的所有规则，我们需要问问这些规则：它们是谁的规则？它们有什么权威？它们要求我们做什么？我们所谓"日常"语言的语法规则是由我们的父母、老师及该语言的其他使用者教给我们的。其中一些人对我们施加的权威是社会和国家批准的。尽管 129 语法规则本身并不具有内在约束力，但我们的老师无论如何可以使用约束力去教诲学生。可是，我的老师们（父母、语言的其他使用者）又从哪里获得他们所教的规则？设想我们日常语言的语法规则在自发地演变也许有些天真，倒不如说老师应教的内容来自更高权威的各种要求。有各类机构规范我们的日常语言（研究机构、学校、政府组织、教堂等），通过各种方式让我们的语言变得规整，例如通过大家的作品、电影和其他媒介。事实上在每一既定时期，都存在着不止一种日常语言。不同的社会群体使用这些语言，其中一些语言比其他语言更有声望。这些语言间的平衡常常随着时间而调整。方言变成高级语言，标准语言变得过时。我们交流的方式中存在着代际的、种族的、阶级的差异。专业训练的哲学家的日常语言自然不同于日常男女的语言。①

最后，当可争议的规则变成实际争议的规则时会怎样呢？维特根斯坦对此做出回答，认为遇到这类情况时我们或许考虑让一个机构来决定该规则该如何应用。但是，他补充说："说在每一点上都需要一种直觉，几乎还不如说在每一点上都需要一个新的决定来得更正确些。"（PI，第186页）当规则实际上存在争议时，做出决定如何去应用它们也许的确有这种必要。做决定确实是所有社会政治生活的本质，也是这类情境中规则的生命的本质部分。我们不能说维特根斯坦已充分认识到这一点。

扩展阅读

大卫·布劳尔：《维特根斯坦，规则与机构》，伦敦：劳特里奇出版社1997年版。

索尔·克里普克：《维特根斯坦论规则与私人语言》，麻省剑桥：哈佛大学出版社1982年版。

① 恩斯特·盖尔纳：《词与物：语言哲学批判阐释与意识形态研究》（伦敦：高兰兹出版社1959年版）。

第八章　研究哲学有何用处

　　智慧是冰冷的，就此而言是愚蠢的（另一方面信仰是
一种激情）。

——路德维希·维特根斯坦《文化与价值》

　　20 世纪上半叶——维特根斯坦的成年和哲学生命时
期——在欧洲是极端暴力的时代。在两次世界大战
（1914—1918 年和 1939—1945 年）期间，欧洲旧有的政治、
经济和社会秩序分崩离析。① 维特根斯坦本人在第一次世界
大战期间曾是一名慎思而醒悟的老兵。重返哲学竟然花了
他整整 10 年时间，即使此后他也继续遭受着我们现在所诊
断的创伤后压力症候群的困扰。②

　　1918 年，奥匈帝国崩溃，维也纳文化——维特根斯坦
家族曾是其中的有机部分——开始瓦解。政治上不稳定的

---

　　① 要将所谓 20 世纪"世界战争"刻画为欧洲内战，请看乔弗利·巴
拉克鲁的《当代史导论》（哈蒙德沃特：企鹅出版公司 1967 年版）。
　　② 这至少最合理地解释了 1918 年之后他生活的简朴，他的悲观和烦闷，
他需要长时间到挪威和爱尔兰的边缘地方度假。

共和国走过风雨飘摇的 20 多年，直到被阿道夫·希特勒揽入自己的怀抱。随着反犹潮流的兴起和迫害的极端压力，维特根斯坦家族不断感到焦虑，即使他们早已远离自己祖先的信仰。1938 年，维特根斯坦向摩尔诉说他正感受的"巨大的神经紧张"，因为他意识到"在维也纳我的同胞遇到大麻烦"①。当时维特根斯坦也觉得自己有责任向朋友们和熟人"忏悔"自己的犹太出身，因为他认为他们"将他看作有四分之三雅利安血统和四分之一犹太血统"（事实上情况恰好相反），而他"没有做任何事情防止这一误解"②。但是，外部环境和他们自己的焦虑都不足以使维特根斯坦

132 家族的成员应对政治活动。运气和家族财富无疑保护他们免受其他人——犹太人、奥地利人和其他欧洲人遭受的艰辛。此外，从 1930 年起，维特根斯坦本人安全返回剑桥，并在 1939 年获得英国国籍——尽管有些无可奈何。年龄太大不适于服兵役，战争开始后他自愿去医院工作——先是勤杂工，后是实验室助手。

第二次世界大战刚刚结束，他雄辩地指出自己时代的"贫乏"和"黑暗"，这似乎使他的工作不可能给任何人带

---

① 参见瑞·蒙克所引的一封信，《路德维希·维特根斯坦：天才的职责》（纽约：自由出版社 1990 年版），第 399 页。

② 法尼亚·帕斯考："维特根斯坦：个人回忆"，见《维特根斯坦：来源和视角》，C. C. 鲁克哈特编（纽约伊萨卡：康奈尔大学出版社 1979 年版），第 46 页。

来光明或启蒙。（PI，前言）他不断加深对自己所处时代的保留态度。在战前，他已经称欧洲和美国文明的精神，其"工业、建筑和音乐……其法西斯主义和社会主义"，完全"异己和令人窒息"（CV，第6页）。这一文明立足于科学假设。借助于科学，欧洲变得富裕，开始主导世界和现代文明。但所有这些都付出了巨大代价。他写道，欧洲和美国的文明一再地表征为对进步的盘算。它竭力筑造更复杂的结构——房子、工业、社会、主权以及理论和意识形态。在他看来，这一进步体系似乎本身就不稳定而有缺陷。比较而言，他——前工程师和一度的建筑师——坚持认为自己不再对建造机器、房子乃至理论感兴趣。正如他所说的，他现在的唯一目标是获得视界的清晰和思想的清澈。

这样的思想再次显示叔本华对维特根斯坦想象力的不同寻常的影响。叔本华对世界的绝望和从世界救赎的希望事实上从青年时代就伴随着维特根斯坦。正是悲观主义在个人和宇宙间突然转向，却对处于两者之间的社会政治现实很少触及。与叔本华一样，维特根斯坦缺少政治事务的维度。当碰到政治选择时，他和叔本华（包括许多悲观主义者）一样趋向于保守理论。他肯定一点也不是政治思想家。尽管他的著作涵盖广大范围的论题——从形而上学到心理学、从逻辑到语言、从数学到美学等，但政治学在其中并不占重要地位。在《逻辑哲学论》中，他已经表达了深远的反政治观点，即善意和恶念只影响世界的界限，而不影响任何特定的事实。按照叔本华的精神，他在"知识生活"而不是在积极参与中寻找救赎。《哲学研究》在精神上同样是非政治的。和马克思认为的哲学不只认识世界，而且必须去改造世界的观点相反，他主张哲学只能在把我们从自己的幻象救赎出来的希望中教我们看清事物。在面对最大的非人道形式时，哲学可以教导我们的是我们对其他人的苦难抱有自然的同情心。[①] 但是对维特根斯坦来说，这一叔本华思想也只是特定的个人洞察，而不是把他引向政治行动的思想。

133　　　维特根斯坦的非政治立场和他的哲学概念密切相关，他主张哲学本身和其他事务间的严格区分。他对这一边界的划分当然在随着时间而变化，但他总是坚持精神上来源于叔本华而最终来源于康德对不同领域的区分。当断定哲学只完成特定而狭窄的任务时，他当然并不是说只有哲学能完成。他著名的有争议的论点即哲学"让一切如其所是"（PI，第124页）。并不是说人类应让所有事情都如其所是——像鲁莽的读者所猜想的那样。这句话只是想强调哲学的独特工作。它们并不告诉我们必定存在着社会政治变化。即使在哲学中，它们也并不诉诸现状。我们必须记住，维特根斯坦在其他各节还将哲学看作"针对借助我们的语

---

　　① 参见鲁伯特·里德：《作为战争书籍的维特根斯坦〈哲学研究〉》，未出版。

言来蛊惑我们的智性所做的斗争"，看作"揭示出这样或那样十足的胡说"的手段，看作"避免使我们的主张流于武断或空洞"的工具。后面他又补充说，他的哲学目标是"给苍蝇指出飞出捕蝇瓶的出路"，就是说，向人类指出如何通过追溯他们陷于陷阱的步骤而从自己思维的陷阱中解脱出来（PI，第 309 页）。这一点也不是清静无为。在维特根斯坦看来，哲学必须让事实如其所是，也就是承认事实毕竟是事实——包括语言的事实。但这一承认可以说本质上有所转变。维特根斯坦的话语也表明社会政治事务远不在他的考虑范围之内。政治毕竟是事实层面和概念层面不断做出区分的领域。肯定不存在康德及其追随者在哲学中所拥护的那种自称概念纯粹性的真正政治思想。

一个政治时刻

1939 年，当诺曼·马尔科姆告诉维特根斯坦，他认为英国太过高尚而不会策划暗杀希特勒时，维特根斯坦非常生气。马尔科姆在《回忆维特根斯坦》中写道："他认为这个说法极为愚蠢，而且还表明我没有从哲学中学到任何东西。他说这番话时情绪很激动，当我拒绝承认我的议论是愚蠢的时，他就不再同我说话。"这件事显然萦绕在维特根斯坦心中，五年后他在马尔科姆面前再次回忆起这件事，补充说："如果它不能改善你关于日常生活中重要问题的思考，那么研究哲学有什么用处？"① 对维特根斯坦本人来说，这些重要问题肯定首先不是政治性的，而是本质上私人的和个人的。他的"关于伦理学的演讲"表明，他的伦理学首先是自我的伦理学：世界的存在如何让一个人震惊，一个人如何感到绝对安全或十分有罪。而且，个人诚实和人134 格完整是他个人的道德指针，正如他在许多时候所表明的。② 这样的个人品德当然有着社会政治影响，维特根斯坦在与马尔科姆的争论中表明了这一点。但在追问马尔科姆的政治判断时，他首先关心的是他的学生是否准备好以诚实的态度面对现实。换句话说，他追问的是哲学是否成功塑造了马尔科姆的个人品性。

但是，如果"日常生活的重要问题"证明本质上更直接关联着社会政治时会怎样？这样维特根斯坦的思想如何帮助我们？问题本身凸显出来，因为我们今天可以看待——比维特根斯坦年代也许更清楚——20 世纪的政治之剑如何更深地切入人类生存的血肉之躯。难道不觉得整个现代的血液正日益流入阴沟吗？这一点也许能给现代哲学带来生命和活力？我们不得不去追问：哲学绝不能再躲避政治问题的时刻难道没有来临？就是说，作为追问最根本

---

① 诺曼·马尔科姆：《回忆维特根斯坦》，第二版（牛津：牛津大学出版社 1984 年版），第 32、39 页。

② 尤其见他与莫里斯·德鲁瑞的交谈。

问题的实践绝不能再这样。我们也许无法回到柏拉图的时代，当时政治思想是且必须是第一哲学。这使我们存有疑问，当哲学不再是辩驳笛卡尔或康德、弗雷格或罗素的认识论、本体论和逻辑观的问题时，维特根斯坦对我们来说有什么用处。提出维特根斯坦对政治思想的意义的第一批学者之一汉娜·皮特金认为，维特根斯坦的思想的确"仍处于当代人类状况的问题中心"①。但是，这和维特根斯坦的实际哲学工作有多大关联？关于我们的当代人类状况，它能提供给我们什么？我们只能再次说维特根斯坦首先是站在十字路口的人。萦绕在他心中的显然是这些典型的"现代"哲学论题，如世界的逻辑结构，思想或语言如何再现实在的问题，自我的本性以及自我与世界的关系。可是，他也许同时还在超越现代哲学感知的界限和局限性。

"有维特根斯坦政治理论这样的事吗？它可能像什么？"皮特金问道。她认为这样一种理论可能和传统政治理论极为不同，就像维特根斯坦的思想不同于传统哲学一样。它"想必包含他对广泛系统的概括的怀疑，包含他治疗性地强调特定情况，强调研究和说话本身，强调接受多样性和矛盾"②。这些话意指维特根斯坦的思想可能首先被用于政治

---

① 汉娜·皮特金：《维特根斯坦与正义：路德维希·维特根斯坦对社会政治思想的意义》（伯克利：加利福尼亚大学出版社1972年版），第316、317页。

② 同上书，第325页。

理论的批判评价目的。不难看出他的思想可以被用于批判政治理论的科学模型，事实上可以批判所有构造有关政治的全面解说的企图。① 即使所谓"批判社会理论"也难逃过维特根斯坦的批判。詹姆士·图利已经表明如何用它剖析例如约尔根·哈贝马斯对理性概念的依赖以及查尔斯·泰勒对解释概念的倚重。② 但是，在其精练的《维特根斯坦与正义》一书中，皮特金还预言维特根斯坦精神对政治理论的更积极作用。她写道，这不可避免地逼近维特根斯坦关于语言、语法和意义的思想，关于平凡、常识和日常的思想，对语言游戏多样性和生活形式的洞察，对概念和家族相似的理解，等等。她的例子表明，维特根斯坦的工作可以被用于政治理论的不止一种方式。③

135 （注：页码135位于左侧）

　　因为本书是关于维特根斯坦的而不是关于政治哲学的，所以我只能勾画出这些思想线条。我不得不另找机会去证明借助维特根斯坦的思想来构造政治哲学实际上存在的可能性。

---

① 彼得·温奇：《社会科学的观念及其与哲学的关联》（伦敦：劳特里奇出版社1958年版）。

② 詹姆士·图利：《维特根斯坦与政治哲学：理解批判反思的实践》，载《政治理论》，17（1989），第172—204页。

③ 这类文献的代表性例子参见克莱斯达·J. 哈耶斯编：《政治的语法：维特根斯坦与政治哲学》（纽约伊萨卡：康奈尔大学出版社2003年版）。文中包括有用的参考文献。

行为、语词和概念

政治哲学的第一个问题也许是，这类哲学化能给实际政治带来什么，如果有的话。政治哲学和政治理论与实际政治的关系是天文学与星球的关系吗？天文学可以为我们描述和说明星空，但它不能改变星星的运行。换句话说，黑格尔说"作为世界思想"的哲学只有当世界已完成其构造过程时才会有是否正确的问题。直白地说，事后才出现。政治首先关心的是回应具体的、实质性的、实践的问题的特定行为。例如，一群公民要求他们的行为、利益或权利受到尊重。政府同意或否定他们的要求。哲学家对这一事件能做出什么贡献？当然其中很少有人能成为有影响的政治人物。但是，我们被告知，他们需要去提供政治行为的规范：正义的原理、对美好生活的刻画、宪法计划、自由的主张、平等和社群。这只会引出任何这类规范是否可由纯哲学的——非政治的——手段加以证明的问题。即使得到证明，不再使用政治手段，我们能应用它们吗？理论和实践之间仍然存在着鸿沟。

当我们谈论追随维特根斯坦精神的政治哲学时，这类麻烦更多。这类政治哲学似乎不可能与规范原则合拍。维特根斯坦从未说过这类原则，即使在其关于伦理学的演讲中也没有。他鲜见的政治文献无法向我们提供任何规范原则。维特根斯坦的思维停留在理论阶段，这使我们难以看到它如何能被应用于政治现实。我们至多能设想它所具有的方法论意味，如何思考和谈论政治事务的意味。然而，

136　我们还是返回哲学对现实政治有什么意义这一问题。为了获得更清楚的见解，我们必须重新估价政治概念，它实质上是与当地环境等同的当地行为。规范政治哲学家正是在这点上有正确的认识。他们懂得，要求或同意政治行为时我们通常对正确方面做更广泛的考虑，从而关注行为本身超越当地条件的某些方面。可以说，政治行为本质上是彻底关联性的。它关心不同的有时相互竞争的重点和要求的权重，奖励一群人的利益意味着否定另一群人的利益。做一种政治选择妨碍了另一种选择。存在着有待考虑的选择、有待比较和裁定的要求、有待权衡的风险。最终，问题将面临政治行为打算提供怎样的产品，政治不同于个体的或道德的方面而具有的范围和限度。正是在这一方面，哲学追问在政治学中拥有地盘。

　　换句话说，政治是人类不同人群间的斡旋过程。这一斡旋过程不只在政治行为中而且在话语中进行。事实上，语言如此重要以至于人们都想把政治还原为交流互动。但是，这可能低估了政治生活中人们常说的生理因素，即根植于人体这一现实的事实。实际上这些也在话语中商谈，具有直接的政治功能。这向我们证明，考察这些话语本身就是一项真正的政治任务。我们如何看待自己的政治语言，

事实上对我们的政治现实有直接意义。正是在这里，维特根斯坦的思考可能证明语言对我们政治上有益。我们在政治中命名、描述、分类和建立关联，但这是怎么回事还一点都不清楚。存在着命名、描述、分类和建立关联的整个神话，我们对这一神话所附加的东西存在大量的疏忽，不管政治的还是其他的。借助于维特根斯坦，我选出其中三种。

在一篇众所周知的文献《政治的概念》中，卡尔·施米特在1930年前后抱怨说"人们很少看到对政治的清楚定义"①。出于实用目的，"政治"通常参照国家来解释，但这一概念本身有问题，因为它与社会之间的边界变得模糊。施米特写道，其结果是"国家 = 政治这一等式"已变成"错误而虚妄的"②。他自己力图发现一条刻画政治本质的新方式，不是旨在给讨论引入清晰的概念，而是为了让我们认识到政治是我们人类不可回避的。汉娜·阿伦特同样从问题"什么是政治"开始自己的政治哲学研究。在1950年的一则笔记中，她呼吁对这一问题要有一种新理解："所有伟大思想家异乎寻常的地方是在其政治哲学和其他 137 工作之间的等级差异。他们的政治从未达到同样的深度。这一深度的缺乏只不过是他们未能感受到政治所立足的深

---

① 卡尔·施米特：《政治的概念》，扩展版，乔治·施瓦布译（芝加哥：芝加哥大学出版社2007年版），第20页。

② 同上书，第22页。

度而已。"① 在反思政治概念时，她和施米特一样想让我们认识到政治的尊严和重要性，她担心我们已很大程度上遗忘了这一点。在20世纪70年代，米歇尔·福柯以类似的精神最终再次宣布"政治分析和批判很大程度上不得不去发明"。他拒斥如下看法，即政治哲学的首要任务是向我们提供在宪法形式、正义原则和行为过程间做出选择的标准。在他看来，问题"与其说是界定政治'立场'问题（在预先存在的一堆可能性中进行选择），倒不如说是想象和提出政治化的新图式问题"。为此，他认为最重要的是确定赋予"政治"一词怎样的含义。② 换句话说，在施米特、阿伦特和福柯看来，对政治概念的关切有着急迫的实践意义。

维特根斯坦意义上的政治哲学肯定认为，积极的政治参与要求政治学概念尤其政治概念的清晰性。就此而言，这类哲学同意施米特、阿伦特和福柯对分析政治概念所做出的努力，还包括更具体的政治概念，如主权、民主、自由主义、专政、判断和决策、友谊和敌对、自由和权威、劳动、工作、行为、公共和私人、政治和社会、权力、纪律、政府。在论数学家 F. P. 拉姆塞的一则笔记中，维特根斯坦用比喻写道，拉姆塞是一名"资产阶级思想家"，他只

---

① 汉娜·阿伦特：《政治导论》，见耶罗姆·科恩编：《政治的承诺》（纽约：肖肯图书公司2005年版），第93页。
② 米歇尔·福柯：《性史》，见《权力/知识：1972—1977访谈和其他著作选》，考林·高登编（布赖顿：收割者出版社1980年版），第190页。

旨在澄清"某一特定社群的事务",即传统数学的事务。经过扩充这一比喻,他同时向我们提供一条线索,即在他意义上的政治哲学会是什么样子。维特根斯坦写道,拉姆塞"并未思考国家的本质……而是思考如何把这个国家组织好。那种认为这个国家还有别的可能性的想法,一来使他感到不安,再则使他觉得厌烦"(CV,第17页)。这一评论表明,政治哲学本身必须关心国家的"本质"(即概念),想必还有其他基本政治现实的概念。它必须使我们明白,我们现有的国家只是各种可能性中的一种,想必所有其他现存的政治机构本质上也是可变的。相比之下,确定合理地组织任何特定国家的任务可以说只是次要的事情。这样的看法显然将维特根斯坦与施米特、阿伦特和福柯这样的理论家结成同盟。

但是,如果得出结论说维特根斯坦式的政治哲学最终只是与其他人所完成的工作结成同盟,那么是令人失望的。事实并非如此,一旦意识到政治的基本概念很可能是家族相似概念,维特根斯坦的思想势必对政治哲学做出重要贡献。无 138 论施米特还是阿伦特、福柯似乎都未考虑这一可能性。当施米特谈论我们政治概念的历史多变性时,他也许接近这一点。他写道,"精神领域的所有概念只有依据具体的政治存在才能被理解"①。由于这一原因,他反对政治概念的任何正式定

---

① 卡尔·施米特:《中立化和去政治化的年代》,见《政治的概念》,扩展版,乔治·施瓦布译(芝加哥:芝加哥大学出版社2007年版),第85页。

义，只考虑"其内容的确定"这一可能性。[①] 但是，他仍缺乏这样的洞察力，即认为政治概念必须是家族相似概念，因为他继续主张我们所有可变的政治概念都享有单一的不变的形式，认为"政治行为和动机可以归结的特定政治区别是朋友和敌人间的区别"[②]。当阿伦特不加限定地断言"政治的意义是自由"时，她甚至卷入更为明显的本质主义。[③] 当福柯将政治绝对地看作权力关系的运行时，他的结论也相似。一种维特根斯坦式的政治哲学将怀疑地对待所有这些本质主义和还原公式，相反对政治的不同实施方案以及它们之间的相似和亲缘关系提供一系列特定描述。

　　这并不意味着我们能不加批判地将维特根斯坦的方法论应用于分析我们的政治概念。这里我们必须回想一下我在第 5 章所表达的维特根斯坦使用家族相似概念的保守特征。维特根斯坦使用这一概念强调相似关系，但家族关系本质上也是因果关系，当我们思考政治现象时这点至关重要。它们毕竟不只通过相似程度还通过因果关系联结着。其中首先是生物血统关系，即那些确立和维持家族、氏族群体、种族、人种和民族的关系。我们还需要考虑因果因

---

　　① 卡尔·施米特：《政治的概念》，第 6 版（柏林：胡克尔和杜布劳克出版社 1996 年版），第 26 页。英文翻译不幸模糊了这一区别。

　　② 同上书，扩展版，第 26 页。

　　③ 汉娜·阿伦特：《政治导论》，见耶罗罗姆·科恩编：《政治的承诺》（纽约：肖肯图书公司 2005 年版），第 108 页。

素，如空间和时间中的地理和气候、邻近和距离。最后，还有历史事实需要考虑——独立和影响的关系，发展、进步和衰退的关系，以及权力关系。我们的政治秩序事实上是由一个网络构成的，其中姻亲关系和因果纽带复杂地交织在一起。

政治多元论

维特根斯坦的思想对我们理解政治做出的重要贡献还有第二个方面。施米特、阿伦特和福柯都起而反对对政治做如下理解，即统一才是政治根本的概念和理想。他们都认为，政治的这种或那种方式是基于人类多样性的事实。依照刚才勾画的维特根斯坦精神，我想说他们的立场不应被理解为在竭力分离出所有政治的不变特征，而应理解为在目前的世界局势中政治的多元论概念才对我们有用。与 139 这一政治多元性观念一起的还有交流和斡旋概念、翻译和解释概念——但同样还有误解、分歧和冲突概念，以及克服和控制它们的概念。对我们来说，在刻画目前的政治局势时所有这些概念都肯定至关重要。但是，政治多元论立足于什么，在多样性领域中交流又如何可能？这里再次证明维特根斯坦颇有建树。

我将参照阿伦特努力说明这一点。在她对古典政治哲学的批判中，她认为传统未能认识到人类条件的实质多样性，从而未能形成确切的政治概念。① 这是令人吃惊的指责，尤其对亚里士多德来说是不公平的指责。在其《政治学》中，亚里士多德清楚地谈到作为政治生活可能性条件的人类多样性。那么按照阿伦特的看法，亚里士多德的阐述缺少什么？她的回答是，亚里士多德只考虑了人类的客观多样性。在他看来，只有人类被组织为独立的家庭、个人自己的事务，拥有不同的职业和不同的社会政治地位，城邦才能存在。阿伦特所设想的多元论强调彼此的多样性。她认为每个人都在独特的时空点进入这个世界，因而以独特的感受感知和理解这个世界。换句话说，在阿伦特看来，人类多样性的根本政治特征是主观维度。她认为，这一多元论需求政治必须从中产生"差异的混沌"。在阿伦特的图像中，政治在于努力使人类进入这个世界的起初不可通约的视角变得相称。用她的话说，政治是一种自由行动——人类的自由互动，他们在其中显示彼此的多样性，限定自己的差异。

但是，阿伦特从未追问在差异的混沌中这样的自由互动如何达到。如果你和我的确从完全不同的观点看待世界，我们如何能最终相互理解？的确我们如何能最终理解存在不同的世界观？正是这里证明维特根斯坦的思维有益。与

---

① 汉娜·阿伦特：《什么是政治》，见耶罗姆·科恩编：《政治的承诺》（纽约：肖肯图书公司2005年版）。

阿伦特一样，他认为人类可能有不同的世界图像。但是与阿伦特不同，他意识到这些从一开始就根植于我们所说的日常语言——的确也是其中一部分。我们关于世界的思想只有在语言的媒介中才能形成。这种语言总是只有在公共世界中才存在；它在社会上产生和维持，而不是根植于个人意识的小圈子。当阿伦特在各种世界观与其通约间留下隔阂时——她无法有效消除的隔阂，维特根斯坦理解我们看待世界和交流的内在关联。

阿伦特的阐述面临进一步的困难，她无法轻易说明我 140 们的不同世界观同我们的行为和互动间的关联。世界观如何在社会政治领域中显示自身？历史唯物主义者认为，意识形态只是上层建筑，没有因果功效，只是固定的物质环境的副产品。阿伦特似乎一点也没有对这类挑战做出反应。另一方面，维特根斯坦能够向我们说明，历史唯物主义误解了物质基础和作为上层建筑的意识形态之间的区分。它设定内在和外在、物质和意识形态之间的彻底分离——事实上最终来自笛卡尔及其二元论的区分。但是正如维特根斯坦所提醒我们的，笛卡尔二元论不能继续存在，因为"内在"现象要求"外在"标准。

当然，阿伦特也同意，世界观的通约必须发生在公共领域，而且很大程度上在语言中实现。在她看来，政治和语言的确如此紧密相关，以至于她似乎不时将它们等量齐观。即便如此她仍未能完全意识到语言根植于人类实践，一个词的意义是其在语言和世界语境中的用法。维特根斯坦使我们认识到不仅人类为何有不同的世界观，而且这些世界观如何在公共领域相互关联。这是因为世界观和语言游戏密切相关。反过来，我们语言游戏的多样性立足于世界的复杂性，立足于我们未能综览这一复杂性以及所有人类理解的偏好。鉴于我们行为和旨趣的多样性，维特根斯坦明白这些行为和旨趣无法构成单一的整体系统。对他来说，人类多元论是我们多样性的结果，也是对我们理解的多重限制的结果。

自然亲缘关系

假定存在不同的世界观，我们如何能获得共同的理解？维特根斯坦在这一点上向我们提供两种洞见。第一，正如我刚表明的，我们获得关于世界的观点只有通过与他人的互动，通过学会共享一种语言，而不是在严格的私人领域。维特根斯坦还明白，我们的各种语言游戏因为我们的各种个人世界观从一开始就通过复杂的相似之网联结着。各种世界观形成家族，它们一起构成共享的人类生活形式，构成单独的家族。因为这一家族结构中的多样重叠关系，人类世界观对我们来说总是原则上易于接近和可以理解。在其"关于弗雷泽《金枝》的评论"中，维特根斯坦以前面引证的关键段落写道：

与吃喝相关的许多危险不仅对野蛮人如此，对我 141
们也同样如此；想要保护自己免受这些危险，这是再
自然不过的事情……不言而喻，一个人的影子（看上
去像他）或他的镜像、雨水、风暴、月亮的圆缺、四
季的更迭、动物相互之间以及与人类之间的相似和不
同方式、生死现象以及性生活，总之，年复一年在我
们周围所看到的、以许多方式相互联系的一切，将在他
的思想（他的哲学）和他的习俗中起作用，或者正是我
们实际知道并真正感兴趣的东西。（RF，第66—67页）

对此我们可以补充说，还有共享的心理状态和经验，
比如梦境、心理缺失、疯狂行为、顿悟状态、怒和喜、不
幸和压抑。我们身体中也许还存在着共享的生物编码的一
套行为和反应。这些给定物在构成不同的世界观中可能都
起作用，可能以不同方式被谈到和看到。尽管这些世界观
有如此这般差异，但它们同时通过家族相似之网相关联，
使相互交流和理解成为可能。进而言之，维特根斯坦的阐
述还说明为何存在着理解的不同程度，因为世界观之间的
相似可能或多或少差异巨大，它们所引发的现象可能在不
同方式上相似。但是，他向我们表明，即使两种世界观之
间有着巨大差距，我们通过追溯它们的共同根基仍能在它
们之间建立联结。

语词及其语境

维特根斯坦对语言的反思让我们懂得应如何去理解语词、句子、语言和文本。他在《蓝皮书》中写道，"指号（句子）从符号系统中、从它所属的语言中获得意义。大体上理解一个句子意味着理解一种语言"（BB，第5页）。进而言之，所说的语言必须被看作通常由大量不同的语言游戏组成，它们通过相似关系和所属关系相互关联着。另外，这些语言游戏还同我们的非语言行为和实践以及世界中的事物关联着。因而维特根斯坦并不赞成"语言唯心论"——正如有时所声称的——按照这种观点，我们从来走不出自己的语言。例如，这从《哲学研究》第2节建筑者的语言游戏便可明了。那里描述的语言游戏将建筑者的语词直接与其建筑行为和建筑所需要的物料联结起来。如果没有这些联结，他们的语言表达便毫无意义。

142　　显然，维特根斯坦精神的政治哲学在政治和我们对政治的反思中以非常特殊的方式关涉着我们所说的语言。这肯定激励我们关注政治中语词和句子的特定用法，但也同时主张必须联系它们所属的符号系统加以考虑。当维特根斯坦鼓励我们专注于细节而避免匆忙概括时，另一方面他要求我们整体地看待细节，也就是联系其更大的语境。而且，维特根斯坦式的政治哲学避免将政治语言看作单一的整体；相反，它力图识别不同政治语言游戏间的分界线。换句话说，它不是将政治看作单一整体，而是看作不同的和相似的有裂缝但相互关联的领域。因而，同一个词（例如"民主"）或者同一个表达式（例如，"人在本性上是政治的"）也许在不同的语境中起着非常不同的作用。最后，很显然，维特根斯坦精神的政治哲学肯定不能还原为语言分析。它同样程度地关切着我们的非语言行为和实践以及周围的事物。

在维特根斯坦看来，语言游戏是典型的社会事业。它们通常包括大量的参与者，他们提议和反对、质疑和回答、要求或命令，反过来遵守或反抗。当我们在语言游戏的语境中思考语词和句子时，我们必须明白，这些语词和句子通常不是信口开河的，而是存在着前因后果的关系。因而当说话人断言一个命题时，我们有权问这是说给谁的，是否指望它是对问题的一个解答，或者对权威的一种挑战，表达一个平凡之理，或者对共同信念的再一次确证，等等。重要的是要记住，即使最伟大的理论家和哲学家的话语也有这样的语境。

维特根斯坦的意义观表明，我们总的来说不应指望对我们词语的用法能够列出充要的条件。这意味着我们不应指望能够给出这些语词形式的定义。相反，我们对政治语言的概念分析必须是描述和琐碎的，致力细节；还必须是特定历史的而不是大尺度的思辨概括。肯定存在着人类知识的领域，其中构造语词的形式定义是有益的（例如在数学和逻辑中）。我们当然可以给一个语词的用法随意划个界限，并以此为基础构造形式定义。所以，维特根斯坦在《哲学研究》中写道："我可以给'数'这个概念划出固定的界限……即用'数'这个词来标示一个具有固定界限的概念；但我也可以这样使用它：这个概念的范围并不被一条界线封闭。"（PI，第68页）我们常常认为我们需要这样的界定，以便于防止我们语词的异常用法。但是维特根斯坦指出，"任何一般的界定也都可能被误解"（PI，第71页）。而且，除非我们将自己的界定完全规定好，否则我们必须检验它们是否恰当，看我们的语词实际上如何被使用。即使我们有一个语词的形式定义，该语词实际上如何被使用也总会留有疑问。

143

　　维特根斯坦将他语言游戏的解释语境毋宁说做了狭隘限定。他从未仔细考察语言的具体历史用法，即便他相信意义是用法；他从未严肃地分析我们语言用法的社会维度。从政治哲学的角度看，这无疑是严重的缺陷。可是，我们同时需要清醒地意识到过于不分青红皂白地谈论我们语词和句子的语境的危险性。一种语言游戏肯定原本不止一种语境。但是，当我们远距离地看它时，将该语言游戏的语境过于放大时，我们语言游戏的具体边界和条件有可能开始变得模糊。每当我们面对特定语言游戏的解释时，我们需要仔细地分析哪个语境要被考虑在内，避免使这一语境过窄或过宽。

规则、决定、权威

对所有较为复杂的社会政治生活形式来说，规则都是至关重要的，比如有我们熟悉的法律和规章。前者由政府和国家颁布，后者可能由私人社团和政府团体制定，但它们通常受到法律的制约。我们的现代政治机构目前都经由法律治理——即便所谓"不法的"和"非法的"政权。由于这一原因，在我们社会中有着立法者、法律解释者和执法者。法律对我们的政治机构来说现在的确如此盛行，以至于我们可能倾向于将这类机构界定为合法结构而不是社会实在。[①]

但是，国家远不能等同于其法律结构。相反，法律是特定历史条件下的特定政治发明。相比而言，古代氏族首领和封建君主的规则本质上是个人的。统治便是需要的时候做决定，也许由传统、长老教诲或神祇来指导，但从不诉诸有组织的方式制定和应用抽象的法律。从亚里士多德论述雅典政制的著作开始，我们就可以看到早期雅典城邦

---

① 对国家的这一"法律"界定由汉斯·凯尔森在《社会学和国家的法律概念》（图宾根：莫尔出版社 1922 年版）中提出。

仍然是一种前法律秩序。① 法律的发明产生于对较古老的个人规则系统的反叛。这一发明首先包含如下新的理解能力，即各种往往极为不同的情况可以被看作同一种。形成的一致性使统治变得更为规范、更具预测性、更加有效，从而更为"公正"。公民们现在可以预测其统治者的行为，也有用以检验其统治者成效的标尺。这一抽象能力要求语言的新用法、新词汇的演化、更充分表达的命题。法律和逻辑因而从一开始就交织在一起，直到现在我们仍在谈论政治和逻辑的规律。另外，还必须有可靠的记录方法，而不只是依赖人的记忆。读写能力的产生自然而然地与法律和逻辑的发明相匹配。这一发展反过来促发新的职业：法学家、书记员、法官和律师。随着书写能力日益普及，公民自己也能阅读和讨论法律。他们最终在制定和应用法律上开始发挥作用。共和国和民主国家都是法律发展的产物。

我们的政治体系中法律的普遍性要求人们去追问法律是如何发挥其不同功能的。著名法学理论家汉斯·凯尔森认为，我们应该将法律看作严格决定着自己的应用。维特根斯坦对遵守规则的反思向我们表明为什么这一刻画是错的。说一条规则决定着这个或那个是什么意思？在这一点上卡尔·施米特对凯尔森"法律的纯理论"的挑战是正确

---

① 亚里士多德：《雅典政制》，P. J. 罗德斯译（伦敦：企鹅图书出版公司1984年版）。

的，他反过来认为法律的每一应用都包含着决定。① 施米特的看法一定程度上与维特根斯坦对遵守规则的反思相似。但维特根斯坦还表明为什么施米特也无法说明法律的独特功能和目的。如果所有的规则都是个人的，正如施米特认为的，规则的每一应用都要求崭新的决定，我们便再也无法说明为什么需要法律。与这一"决定主义"相反，维特根斯坦正确地认识到我们并不随意地决定何时应用规则，宁可说我们知道如何应用它们。这意味着如何立足于实践、习惯和风俗。只是我们不满意"逻辑"或"直觉"决定规则的应用这一断言才使我们得出结论："每一步都需要一个新的决定。"（PI，186）这并不意指而且也不能意指，规则的每一应用都实际上包含着决定。因而不管凯尔森的逻辑决定论还是施米特的决定主义都不能令人满意地说明法律的现实意义。相反，必须将法律看作立足于常规、习惯和实践，因而不可避免地将政治机构看作社会实在。

还需要对以施米特为代表的决定主义再说几句。与维特根斯坦相比（他很大程度上致力数学和逻辑的规则），施米特更关心的是法律，而在法律领域决定起着不可或缺的作用，这与它们在数学和逻辑中的情况不同。法律总是可

---

① 卡尔·施米特：《法律与判断：对法律实践问题的调查》，第2版（慕尼黑：贝克出版社1968年版）；卡尔·施米特：《政治神学：主权概念的四章》，乔治·施瓦布译（麻省剑桥：MIT出版社1988年版）。

以解释的。它们的应用从不像数学和逻辑规则的应用那样固定于一种方式。施米特也明白，法律领域的决定不管其有效性还是内容总是存在争议。法律的可争议性——至少对我们现代人来说——的确是政治的本质。这一可争议性

145 总是呼唤新的决策行为，不管来自法庭、立法者还是君主（例如议会）。恰当的法律哲学需求政治哲学必须考虑这一决定主义因素。但是，还必须与维特根斯坦一起反复考虑可解释和可争议的规则如何能最终结合起来。

　　在这一点上，施米特从霍布斯那里获得启发，后者认为制定法律的是权威而不是真理。① 维特根斯坦当然认识到人类生活形式中权威的作用，正如他在《哲学研究》甚至《论确实性》中所澄清的。我们在后一本书中读到，"我们学会懂得很多东西，这是凭着人的权威接受下来的"（OC，161）。"当我们是孩子时就学会知道一些事实……并相信这些事实……孩子通过相信成人学会懂得一些事情。"（OC，159—160）为了做出判断，不管正确的还是错误的，"一个人必须同人类做出一致的判断"（OC，156）。这意味着"为了做出判断，我们必须承认某些权威"（OC，493）。在这点上，他没有详细的著作论述权威这一概念，没有考察与权威相联结的各种角色的区别，也没有探究权力和暴力

---

　　① 卡尔·施米特：《政治神学：主权概念的四章》，乔治·施瓦布译（麻省剑桥：MIT 出版社 1988 年版），第 33 页。

的相关概念。这限制了我们从他的著作中获得关于社会运行的洞见。更令人惊奇的是，这一空白也暴露了维特根斯坦语言哲学的局限。我们的语言毕竟不是说话者自由商议的产物，它通过父母、教师、作家、学术界、出版人、媒体，最后甚至政府的权威传递给我们。像在许多其他地方一样，这里维特根斯坦的思想与政治问题对抗也迫使我们重新思考维特根斯坦哲学思想的各个方面。

行为的不可预测性

我们的语法不可综览，我们的各种生活形式是这样——最后作为整体的人类生活形式亦如此。我们一定能在我们的语法中定位自己，找到可以操控的生活形式，我们作为人类，并不意味着我们完全掌握或能够完全掌握自己的语法或那些生活形式。换句话说，我们的实际容量远远超出我们把握它们的能力。

维特根斯坦顺便谈到人类行为的不可预测性——尽管某种程度上是在不同的语境中。（Z，第 603 页）在有关的那段话中，他把这一不可预测性看作我们倾向于得出如下结论的一个根源，即"一个人可能永远无法知道其他人是怎么回事"。这反过来导致错误的结论，即别人心中所发生的"实质上"是私人的和不可交流的。在《哲学研究》中，维特根斯坦用大量篇幅反驳这一结论。他指出，尽管其他

人无法感受我的疼痛，但他仍知道我在疼痛。他所谓的
"私人语言论证"（PI，246—315）向我们提供了精密复杂
146 的思考，表明内在状态原则上是可以交流的。但是，否认
这些状态有着本质的或绝对的私人性，并不是否认其他人
心中发生的事情，对我们来说很大部分实际上不可知晓。
这一实际的私人性肯定是人类行为的不可预测性的根源之
一。对社会和政治感兴趣的人来说，这一不可预测性都饶
有趣味，因为它影响我们如何思考社会政治行为。不管私
人生活还是公共生活，我们都足够熟悉不可预测性现象。
我们经常陷入对其他人行为的迷惑（尤其陌生人）之中，
不断对此进行调整。即使当我们很好地了解他人时，也会
被他们行为的突然变化吓一跳（"我从未料想 X 会如
此……"）。在宏观层面，我们也常常记得专家未能预测政
治、经济领域的发展。当然，这一不可预测性有多种根源。
自然界的条件并非固定不变，即使根据自然规律，原则上
可以预测，但自然条件改变了，一切将变得不可预测。自
然领域的不可预测性将不可预测性引入社会行为，对此我
们必须添上人类生活形式的不可综览性。这阻碍我们对行
为形成解释和预测的一般规律。而且，在社会政治语境中，
我们面对高度复杂的现象，为了对生活形式形成系统的看
法，我们不仅需要生活形式本身可综览，我们还需要可综
览地把握那些卷入这一生活形式的人，他们反过来以什么
方式理解生活。但是在这一点上，不可预测性的各个层面

互相堆积起来，阻碍我们对社会政治现实获得清楚的看法。

这些观察直接影响着社会政治科学的可能性和本质。[①]如果维特根斯坦是对的，那么这些事项永远不能达到说明和解释科学（像物理学）的地位，形成精确的可公式化规律。它们不得不保留叙事和描述性质，对我们日常生活中最熟悉的人类行为提供本质上非正式的说明和预测。这反过来产生实际后果，它迫使我们承认永远不会有做出社会经济选择的科学方式。像弗里德里希·冯·哈耶克那样的自由主义者总结说，对社会政治结构复杂性的这些思考足以拒斥进行社会计划的社会主义。[②] 事实上某些强有力的"科学"社会主义形式与我们得自维特根斯坦的那些关于社会的思考不相容。但是，对资本主义经济理论化和政策制定的某些其他形式来说，情况也是如此。这当然不能得出结论说，社会主义在广义上由此受到拒斥，而经济学中的自由放任政策由此得到证明。

我们生存条件的不可综览性只意味着我们都在不确定性的条件下生活。这对每个人、每个政府都是这样。没有 147理由认为在面对极度复杂而且的确超级复杂的政治经济系

---

① 彼得·温奇：《社会科学的观念及其与哲学的关联》（伦敦：劳特里奇出版社 1958 年版）。

② 冯·哈耶克碰巧与路德维希·维特根斯坦有关，他有时打算给他的哲学表兄写个传记。这提出了一个问题，他熟悉维特根斯坦的工作，他的自由主义是否某种程度上受到维特根斯坦对不可综览性反思的影响。

统时，其中任何人有决定性的优势。这并不意味着每个行为者在社会政治舞台上都同等地有资格或没资格。我们所掌握的信息总是有限的和易错的，但它也或多或少地使我们有资格担当。可是，不能由此说商人一般而言要比政府官员知识渊博因而更适宜于经济行为。我们甚至可以说，在高度复杂的条件下，我们应该期待商人从非常有限的角度更好地作为，而政府更适宜于为它的民众操心。人类生活形式的不可综览性绝不是经济自由主义的免费票；它毋宁说呼吁任何人小心行事，呼吁积极应对不可预料的后果和事件，具有调适不断变化的形势和不可预测的灾难的能力。我们甚至不应认为，人类事务的不可综览性对大规模计划提出反对意见。所有的政治经济行为都要求对它们在其中运行的社会环境有整体概念。个体商人和政府官员都必须诉诸这些整体概念，都必须思考这些概念所包含的不确定性。这把我引向维特根斯坦思考社会政治理论的最后一点。

政治的远见和选择

从柏拉图到约翰·罗尔斯，政治哲学总是一项占主导地位的规定事业。政治哲学家们从不忘告诉我们如何建设自己的国家，我们必须采用什么原则和法律，我们在政治上应如何行动。维特根斯坦形式的政治哲学想必必须遵循不同的路径。

我们从维特根斯坦对伦理学的反思不同于标准模式便 148
可见一斑。伦理学中的哲学工作占主导地位，实质上也是
倾向于规范的。道德哲学家们常常制定规范和律令，期望
我们依照它们生活。但是，在维特根斯坦对伦理学的讨论
中，我们没有发现这一点。在其"关于伦理学的讲演"中，
他一点也没有谈到规范原则。相反，他描述从伦理术语看
待我们和世界对我们来说意味着什么。出于这一原因，我
将维特根斯坦的伦理立场刻画为有远见的而不是规定的或
规范的。似乎可以合理地得出结论，维特根斯坦意义上的
政治哲学也采取这样有远见的（visionary）姿态。维特根斯
坦本人当然从未谈及这一话题。在"关于伦理学的讲演"
中，他只关注高度个人化的伦理意识形式。那么，有远见
的政治概念是什么样子？我们为什么需要这样的政治概念？

第二个问题比第一个问题更容易回答。除非我们对政
治生活的意义有总体的远见，否则政治哲学家们提出的政
治规范一点也不可能让我们牢牢把握。例如，试分析目前
很吸引我们注意力的约翰·罗尔斯的正义论。罗尔斯提出
采用两种特定的正义原则作为指导性的政治规范的一系列
复杂理由。但是，他无法向我们说明为什么我们自己应承
担那么多政治义务。为什么我们不照着维特根斯坦的样子
将这类问题弃置一旁？为什么把它们算作我们个人灵魂的
福祉？即使我们自己卷入政治事务，为什么我们要具体地
关切正义问题？正义是重要的政治德性，但它是唯一的德

性吗？就其本身而言，它是冰冷无情的世界的德性，在这个世界唯一留有的问题是我占有你什么和你占有我什么。这是我们想理解自己政治生活的样子吗？当今我们倾向于以这些术语看待政治只不过十分清楚地表明我们对政治生活的见解已多么贫乏。

当然，难以对政治意义提出另一个更丰富的概念。某一个人甚至也不可能形成这样的远见。面对目前的衰退状况，许多人可以一起努力给政治赋予新的积极意义。正是意识到这一事实，也含蓄地批评哲学中规范传统的糊涂事，维特根斯坦曾经写道，"一个时代的疾病"只能"通过人类生活样式的改变"来治疗，而"哲学问题的疾病……只能通过改变了的思想和生活样式，不能通过一个人所发明的药物"来治疗。①

扩展阅读

克莱斯达·哈耶斯编：《政治的语法：维特根斯坦与政治哲学》，纽约伊萨卡：康奈尔大学出版社 2003 年版。

汉娜·皮特金：《维特根斯坦与正义：论维特根斯坦对社会政治思想的意义》，伯克利：加利福尼亚大学出版社 1972 年版。

---

① 路德维希·维特根斯坦：《关于数学基础的评论》，G. E. 冯·赖特、R. 李、G. E. M. 安斯康姆编，G. E. M. 安斯康姆译，修订版（麻省剑桥：MIT 出版社 1983 年版），第 23 页。

索 引*

---

* 此索引中的数字为原书页码，即本书边码。

译 后 记

　　翻译过程有些拖沓，好在一本好书的时效很长。2011年年底，笔者还在准备赴美，北京大学的靳希平先生就建议我翻译此书。2012年年初，汉斯·斯鲁格（Hans Sluga）教授亲自寄书，但在中国寄丢了。在稍后的伯克利访学期间，笔者也只在空闲时间完成2/3。不过，与斯鲁格教授的交流，以及他讲述的维特根斯坦课程，倒对我更好地理解维特根斯坦和他的阐述帮助不少，也对翻译本书有所助益。另外，准备出国和翻译过程中承担了分析哲学两个课题：陕西省哲学社会科学规划课题（编号09C002）和陕西省教育厅人文专项（编号2010JK260），所以本书也是两课题的部分成果。

　　斯鲁格教授从小受欧洲大陆文化的熏陶，却长期在英美国家学习和工作，这使他有将欧洲大陆和英美两种文化融合起来的宽阔视野。他从写作弗雷格开始，1980年完成专著《弗雷格》（江怡先生已于1990年译为中文）之后，又编辑了四卷本厚厚的《弗雷格研究文集》（1993年），在弗雷格研究界很有影响。他同时或稍后开始研究海德格尔，并于1993年出版《海德格尔的危机——纳粹德国的哲学与政治》（由我的四位年轻同事翻译，与此书同时出版）。接着，他在教学和研究中触及维特根斯坦，1996年与大卫·斯特恩合编《剑桥维特根斯坦指南》，发表了系列文章并开始撰写此书。与此同时，他关注福柯等政治哲学家，致力西方传统的政治哲学研究，即将出版政治哲学专著《政治学与对公共善的搜寻》。

摆在读者面前的是本薄书，但它的分量并不轻。斯鲁格教授告诉我，他不喜欢写得很多，认为简明扼要应该是学者的基本功。的确，这本著作文字优美简洁，有细密的分析推理却不显得冗长乏味，从始至终表现出精准的理解和老到的表达。对于维特根斯坦扑朔迷离的一生，前后期的较大分野，有关他浩如烟海的文献，能用这样的篇幅挖掘出其中的新意确是一种挑战。但是，斯鲁格教授做到了。除了对前后期哲学的亮点进行剖析外，本书还有维特根斯坦本人的背景分析和哲学本身的政治功能分析。在维特根斯坦前期哲学中，他抓住了逻辑原子主义和语言界限两个根本问题，并把每一点放在哲学史背景中加以分析评价。在维特根斯坦的后期哲学中，对于看似惯常的论题——语言游戏、家族相似、语法综览、遵守规则，斯鲁格教授都给予了不同寻常的深入分析和细致辩驳。

不管对于初学者还是维特根斯坦研究者，这本书的教益是多方面的。他既大量引证了维特根斯坦的原始文献，又强调发掘维特根斯坦思想的当代意义。这种厚实宏远的眼界在国际维特根斯坦哲学研究中独树一帜。他赋予《蓝皮书》堪与《逻辑哲学论》和《哲学研究》相媲美的地位，让我们重新看待维特根斯坦的思想资源。本书将维特根斯坦放在哲学史甚至文化史的背景中，有利于我们更客观地定位维特根斯坦思想及其现代意义。尤其促使维特根斯坦哲学开放地面对当代问题，发挥哲学的社会政治功能，使本书凸显维特根斯坦研究的时代价值。

感谢斯鲁格教授在笔者 2012 年 5 月至 2013 年 8 月访学期间给予的多种帮助和学术指导。他的勤勉和严谨将一直是笔者的榜样。感谢北京出版集团编辑的慷慨接纳和辛勤工作，让本书有机会及时面世。翻译是一件快乐的苦差事，而信、达、雅的目标更是一种无止境的追求。所以，笔者诚望读者提出宝贵的批评意见。

张学广

2014 年 5 月 1 日于西安杏园小区